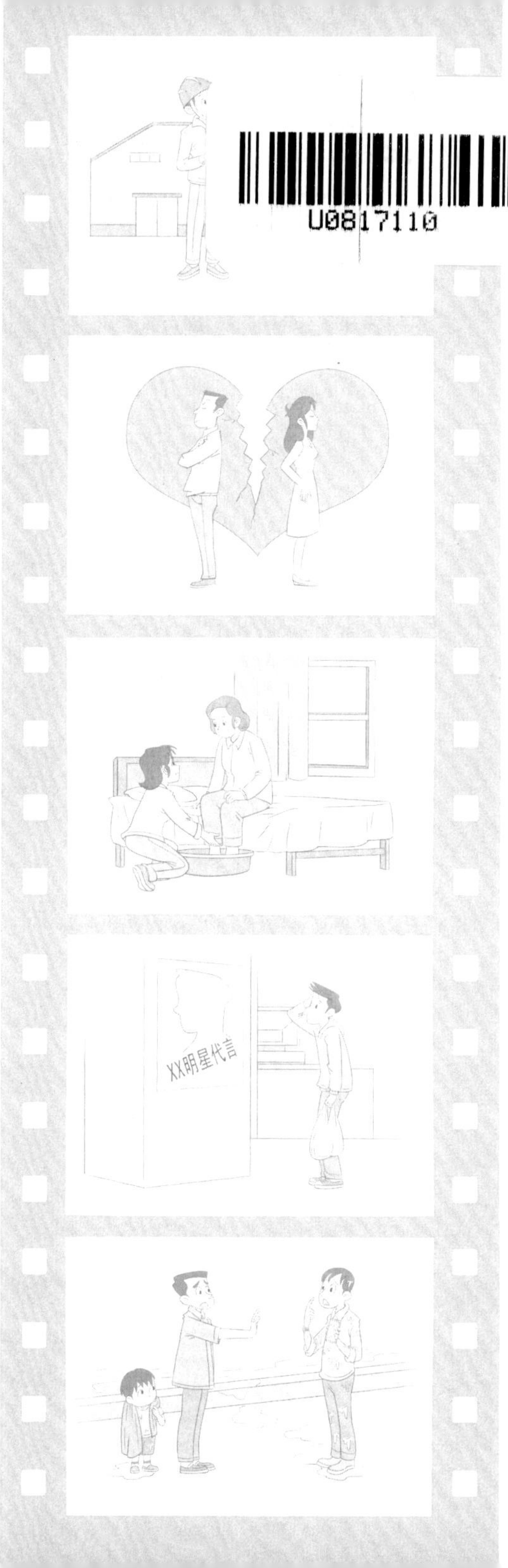

人一生完全法律指南

第4版

双色图文版

李小草　王　熹　李若瑶
张莹莹　赵　鹏　等/编著

中国法制出版社
CHINA LEGAL PUBLISHING HOUSE

序

每个人自出生开始，便与法律结下了不解之缘。无论是生老病死、结婚生子、教育升学、劳动就业、看病就医，还是生活消费、买车买房、投资理财、旅游出行，尤其是权利被侵害时的救济，无时无刻不面临着法律难题。了解法律，您才能防患于未然，避免落入陷阱；掌握法律，您就运用法律武器，保护自身权益。

《人一生完全法律指南》自2006年出版以来，在读者中获得了一致好评，并持续畅销，成了广大读者的良师益友。我们现在结合新发布的法律法规和生活热点，再一次进行了修订，推出第四版，期望继续用法律知识为您的幸福生活保驾护航！

本书按照人的一生成长过程中可能遇到的问题，把内容分为如下四部分。

第一编为人生之旅，主要是为您讲解公民从出生、上学、就业、成家、生儿育女到死亡这一生中面临的不可避免的法律问题。

第二编为消费理财，列举了我们在生活中经常会遇到的在消费和投资理财过程中产生的法律问题。

第三编为劳动就业，从劳动合同签订、工资发放、劳动保护、劳动争议解决四个方面全面阐述了我们工作中常会遇到的法律问题。

第四编为侵权救济，针对大家在生活中可能遇到的各种侵权行为，我们为您提供最有效的法律救济途径。

本书的一大特色是运用最生动的语言，结合鲜活的案例和幽默风趣的漫画，为您讲述艰涩枯燥的法律。全书内容采用问答的形式，问和答用不同颜色印刷，清晰生动，让您在轻松惬意中掌握法律常识，受用终身！

作为一个普通公民，我们虽然不需要精通法律，但是必须要具备法律意识，储备基本法律常识，只有这样，我们才不至于在无意中触犯法律，并能在权益受到侵害时拿起法律的武器来保护自己。也只有储备了充足的法律知识，我们在法治社会中才具备与他人公平竞争的能力，才能在做出重要决定时未雨绸缪，才能够胸有成竹地应对各种突发事件，才能够游刃有余地面对日益复杂的社会生活。

法律无时无刻不在影响着我们的生活，所以，我们必须要在一生中不断地学习、掌握法律。无论您是把法律当做生活的必备知识还是解决纠纷的工具，通过对这本书的阅读，您都可以从中受益。笔者真诚地希望本书能够助您远离纠纷，一生幸福！

2022年12月

总 目 录

目录

CONCENTS

第一编　人生之旅

成长篇

家庭篇

● 走进婚姻殿堂

● 夫妻财产早协议

● 子女抚养问题不容忽视

● 夫妻财产要合理分配

● 家庭成员的合法权益受法律保护

● 对个体工商户的政策支持

● 储蓄法律指南

● 投保人身保险注意事项

● 财产保险十项注意

借贷的法律技巧

保证法律指南

抵押法律指南

炒股“鸡汤”

基金投资

第三编　劳动就业

劳动合同篇

● 签好就业这份约

● 劳动合同的解除

工资篇

● 最低工资规定

劳动争议解决篇

● 劳动争议的范围

● 劳动争议的解决途径

第四编　侵权救济

交通安全篇

● 闯红灯交通事故责任认定

● 醉酒驾车需严惩

食品安全篇

● 食品变质可召回

医疗侵权篇

校园侵权篇

食堂中毒，学校担责

春游“免责协议”不免责

动物、物件致害篇

动物致人伤害的赔偿

物件致人损害侵权认定

飞来横祸的求偿

人格权保护篇

肖像权及其法律保护

名誉权的保护

守护自己的隐私权

著作权篇

什么是著作权

如何理解著作权侵权

索赔指南篇

赔偿主体的确定

第一编 人生之旅

世间万物，都有一个孕育、出生、成长、死亡的过程。人的一生，不论是坦途好运，还是崎岖波折，都免不了有成长的历练、感情的围绕和事业的经营。在人生的旅途中，我们每个人都希望自己能够有一段快乐健康的童年、一个温馨和睦的家庭、一份前景光明的事业，但现实往往不那么美好，正所谓“人生不如意事，十之八九”。当我们在这些人生的“必修课”上遇到困难险阻时，我们不要忘了，在最后关头，还有法律这个强有力的武器在手。法律不是万能的，但它至少能帮助我们在人生旅途上走得更安全、更顺畅。

成长篇

成长是一种经历，经历是一种财富。当我们从嗷嗷待哺的婴儿长成弱冠少年、从父母长辈眼中的“小宝贝”转变为在职场上拼杀的“新鲜人”，生命经历了从蓓蕾到怒放的过程。在这个过程中，有欢声笑语之时，也有愁云惨雾之刻，但无论如何，法律一直在保护着我们。法律，就在我们身边。

胎儿的继承权

生命的孕育是一个神奇的过程，种族的延续、文明的传承，都离不开新生命的创造。当准爸爸、准妈妈们忙着做胎教、买婴儿用品、扳着手指头计算着预产期的临近时，可否想过尚在腹中的宝宝在法律上受到什么样的保护和待遇呢？

1 胎儿有继承权吗？

我国《民法典》第 13 条规定：“自然人从出生时起到死亡时止，具有民事权利能力，依法享有民事权利，承担民事义务。”可见，法律上以是否“出生”作为是否获得民事权利能力的标志。“出生”的判断标准，一是“出”，即婴儿通过分娩而脱离母体；二是“生”，即分娩出来的婴儿存活。按照这样的标准，尚在母亲腹中的胎儿当然是没有民事权利能力的，但考虑到胎儿将成为婴儿的利益，我国法律给予胎儿以一定的保护。

我国《民法典》第1155条规定：“遗产分割时，应当保留胎儿的继承份额。胎儿娩出时是死体的，保留的份额按照法定继承办理。”这一规定其实就是为了保护“遗腹子”的继承利益而设的。父亲或其他被继承人死亡后，在对其个人的遗产继承中，应为母亲腹中的胎儿保留相应的份额。

2 腹中胎儿死亡的，该保留份额怎么办？

根据我国《民法典》的规定，如果胎儿娩出时就是死体的，该份额就由其父亲或其他被继承人的其他法定继承人按照法定继承的规定加以继承；如果胎儿出生时是存活的，哪怕存活的时间很短，该保留的份额就应由胎儿的法定继承人即他的母亲继承。

· 案例回放

黄某之父在其出生前两个月因交通事故死亡。事故发生后，在交警部门主持的调解中，肇事方同意支付死者抢救期间的医疗费、误工费、护理费、交通费和丧葬费、死亡补偿费以及死者之妻（为残疾人）的生活费，但对黄某却以其是死者死亡后出生，不是死者生前扶养人为由，拒绝支付黄某生活费，双方发生争议，调解未果。受害方因此提起诉讼，请求被告另外还须支付黄某的生活费。一审法院支持了原告的诉讼请求。被告不服，提起上诉。二审维持原判。《民法典》第1179条规定：“侵害他人造成人身损害的，应当赔偿医疗费、护理费、交通费、营养费、住院伙食补助费等为治疗和康复支出的合理费用，以及因误工减少的收入。造成残疾的，还应当赔偿辅助器具费和残疾赔偿金；造成死亡的，还应当赔偿丧葬费和死亡赔偿金。”根据《最高人民法院关于审理人身损害赔偿案件适用法律若干问题的解释》第17条第2款的规定：“被扶养人是指受害人依法应当承担扶养义务的未成年人或者丧失劳动能力又无其他生活来源的成年近亲属。被扶养人还有其他扶养人的，赔偿义务人只赔偿受害人依法应当负担的部分。被扶养人有数人的，年赔偿总额累计不超过上一年度城镇居民人均消费性支出额。”但从该案中我们看出，法院充分考虑了对胎儿利益的保护，运用法律公平原则作出了较为合理的判决。

胎儿利益的保护还存在很多方面的问题，如胎儿的损害赔偿请求权、非婚生“胎儿”对其生父的认领请求权、指定胎儿为受益人的人身保险合同中胎儿的受益请求权等。我国法律体系对于这些胎儿利益的保护方面都还没有明确的规定，但有两点是肯定的：①根据公平原则和相关法理，对胎儿的利益给予保护是法律应有之义；②获得保护的前提是胎儿在娩出时是活体，如果胎儿在娩出时是死体，则不享有这些保护。

上个户口

· 案例回放

李某伙同徐某冒用北京某房地产开发有限公司的名义先后与宋先生等多名被害人签订委托协议，以代为办理北京市小城镇户口为名，共骗取人民币59万元。法院以被告人李某犯合同诈骗罪，判处有期徒刑十三年，罚金人民币二万元；被告人徐某犯合同诈骗罪，判处有期徒刑五年，罚金人民币五千元。

如今人们的思想意识发生了很大变化，大城市的户口对于外来人员已经失去了往日的吸引力。而对于如何办理户口，很多人也不甚了解，以致办理户口的时候往往因为自身疏忽而多次往返户籍机关，浪费时间和精力。

3 孩子出生了，户口怎么办理？

下面我们以北京为例，介绍一下各类户口办理的手续。①

对新出生婴儿办理出生登记需要经过申请受理、审查与决定、颁证与送达三个环节。父母双方或一方为本市户籍人员（驻京办户口、博士后户口、学生集体户口除外）、父母双方或母亲一方为驻京部队现役军人生育的子女，满足条件的婴儿应在出生后一个月内到父亲

① 参见《对新出生婴儿办理出生登记》，载北京市人民政府网，http://banshi.beijing.gov.cn/pubtask/task/1/110102000000/8660a900-8d40-473b-885d-045843233c26.html?locationCode=110102000000，最后访问时间：2022年6月30日。

或母亲户口所在地派出所办理出生登记。婴儿父母一方为本市集体户口，一方为本市家庭户的，婴儿应当随家庭户一方登记出生户口；父母均为本市集体户口的，婴儿可以自愿选择随父随母登记出生户口；母亲为本市集体户口，父亲为外省市户口的，婴儿可以随母登记出生户口；母亲为本市农业户口的，婴儿可以自愿选择随母随父登记为非农业户口；父母双方或母亲一方系驻京部队现役军人的，婴儿可以自愿选择随父随母登记出生户口。提供的证件材料齐全、真实、有效，立即办理；新生儿入人才集体户的，经核实新生儿父母本人名下在京无合法产权住房后，再予办理。无户口人员出生登记按照《北京市人民政府办公厅关于解决本市无户口人员登记户口问题的实施意见》和《北京市公安局解决本市无户口人员登记户口问题实施细则》规定办理。审核通过，立即办理，居民户口簿新增个人信息。

办理出生登记需要提供的申请材料根据父母双方的户口情况有所区别，具体如下：

（1）父母双方婚内生育子女

①（父母的）居民户口簿；②结婚证书；③出生医学证明；④中华人民共和国护照（国、境外出生的婴儿须提供）或中华人民共和国旅行证（国外、境外、香港、澳门出生的婴儿须提供）；⑤因特殊原因提供的证件材料（如亲子鉴定书、住院病历、入户地北京市房屋产权证、不动产权证、公有住房租赁合同、单位自管房产权单位出具的住房分配通知单）。

（2）父母均为北京市集体户口，或一方为北京市集体户口另一方为非北京市户籍人员，且在北京没有本人名下合法产权住房

①人才服务机构出具的办理新生儿出生登记《介绍信》或集体户单位同意入户材料；②结婚证书；③出生医学证明；④集体户常住人口登记卡本人页及首页；⑤中华人民共和国护照（国、境外出生的婴儿须提供）或中华人民共和国旅行证（国外、境外、香港、澳门出生的婴儿须提供）；⑥因特殊原因提供的证件材料（如亲子鉴定书、住院病历）。

（3）不符合计划生育政策的、未办理《出生医学证明》的无户口人员

①无户口人员办理落户申请表；②出生医学证明；③居民户口簿；④结婚证书或非婚生育说明；⑤申请随父落户，或非婚生育随母落户但《出生医学证明》登记内容存在疑义且无法核实的，另需提供：亲子鉴定书；⑥中华人民共和国护照（国、境外出生的婴儿须提供）或中华人民共和国旅行证（国外、境外、香港、澳门出生的婴儿须提供）；⑦因特殊原因提供的证件材料（如分娩记录、住院病历、入户地的北京市房屋所有权证、不动产权证、公有住房租赁合同、单位自管房产权单位出具的住房分配通知单）。

（4）我国公民与外国人、无国籍人非婚生育的无户口人员

①无户口人员办理落户申请表；②本市一方父亲或母亲的居民户口簿；③出生医学证明；④非婚生育说明；⑤申请随父落户，或非婚生育随母落户但《出生医学证明》登记内容存在疑义且无法核实的，另需提供：亲子鉴定书；⑥因特殊原因提供的证件材料（如

分娩记录、住院病历、入户地的北京市房屋所有权证、不动产权证、公有住房租赁合同、单位自管房产权单位出具的住房分配通知单）。

上面只是列举了北京市的具体做法，但对其他地区也有一定的参考意义，希望以上介绍能对苦于缺乏信息的读者提供一个指南，其他地区的读者可以参照上述规定，具体咨询当地机关办理户口手续。

孩子的受教育权

受教育权是每个孩子的权利，学校和家长不得随意剥夺，否则，将受到法律的制裁。国家为保护孩子的教育权，还规定了在义务教育阶段免收学费、杂费的制度。

4 学校有权开除接受义务教育的学生吗？

· 案例回放

小强原本在一所乡镇中学读初一，刚刚14岁就不得不退学了——某天，小强的母亲被学校领导叫去，说小强太淘气，刚上学一个月就在学校打了两次架。校长说这孩子的行为严重影响了学校的秩序，不能再留在学校。经小强母亲的再三请求，学校还是开除了他。

学校一方面没有依法保护小强接受义务教育的权利；另一方面还违反了《义务教育法》第27条关于“对违反学校管理制度

的学生，学校应当予以批评教育，不得开除”的规定。小强“太淘气”“在学校打了两次架”，依据法律的规定，学校首先应当批评教育，对学生负有教育的义务，不能简单地将学生推出校门，更不能随意开除学生。如果学生屡教不改，严重影响了教育教学秩序，可按照有关法律规定的程序，将具有《预防未成年人犯罪法》规定的严重不良行为的适龄少年转送入专门的学校，继续接受义务教育，并接受对严重不良行为的矫治。

5 父母可以剥夺孩子接受义务教育的权利吗？

·案例回放

刚刚14岁的小玲是某乡镇中学初中二年级的学生。她的父母见村邻们纷纷外出打工赚钱，便让小玲辍学，动员她外出打工。一心向学的小玲请来老师、亲戚来劝说她的父母让她继续上学。可小玲的父母坚持认为，为人子女就该听从父母的安排，况且一个女孩子读太多书没有什么用，还不如早点出去赚钱来得实在。无奈之下，小玲一纸诉状将自己的父母告上了法庭，要求父母继续供自己读书。法院经审理后，依法判令小玲父母让小玲重新就学，并按时支付其学杂费。

受教育权是宪法赋予每个公民的一项基本权利。《义务教育法》第5条第2款规定：“适龄儿童、少年的父母或者其他法定监护人应当依法保证其按时入学接受并完成义务教育。”《教育法》第19条第3款也规定：“适龄儿童、少年的父母或者其他监护人以及有关社会组织和个人有义务使适龄儿童、少年接受并完成规定年限的义务教育。”本案中，小玲是初中学生，理应接受义务教育，她的父母强行让其辍学的行为，严重违反了国家法律的规定，侵犯了她接受义务教育的权利，况且我国《宪法》《民法典》《未成年人保护法》等法律都明确规定父母有抚养教育未成年子女的义务。因此，小玲诉诸法律要求继续上学的请求理所当然能得到法律的支持。

6 被冒名顶替上学怎么办？

· 案例回放

齐某与被告人之一陈某都是甲中学学生。在1990年的中专考试中，齐某被乙学校录取，而陈某预考被淘汰，但在陈父的一手策划下，从甲中学领取了乙学校给齐某的录取通知书，冒名顶替入学就读，毕业后分配到某银行工作。

1999年1月29日，得知真相的齐某以侵害其姓名权和受教育权为由，将陈某、甲中学、乙学校和当地教委告上法庭，要求停止侵害、赔礼道歉并赔偿经济损失16万元和精神损失40万元。

教育制度是国家一项基本制度，其中有关高考的规定不但关涉千万家庭，而且关系着一个社会的教育公平，关系着个体的受教育权。在冒名顶替事件中，受害者是在毫不知情的情况下，被他人剥夺了受教育权。此时，受害者可以侵害其姓名权、受教育权为由，向法院起诉要求冒名顶替者及其他侵权人赔偿其因此遭受的损失。

合法履行纳税义务

作为个人信誉证明的重要组成部分，个人完税凭证在经济生活中正发挥着越来越大的作用。然而，有很多纳税人并不知道可以获得完税凭证这回事儿，更有甚者根本就不纳税，这无疑是以身试法。如何合法纳税，更应该为我们每个公民所关注。

7 个人所得税如何征收?

《个人所得税法》第 2 条规定："下列各项个人所得，应当缴纳个人所得税:（一）工资、薪金所得;（二）劳务报酬所得;（三）稿酬所得;（四）特许权使用费所得;（五）经营所得;（六）利息、股息、红利所得;（七）财产租赁所得;（八）财产转让所得;（九）偶然所得。居民个人取得前款第一项至第四项所得（以下称综合所得），按纳税年度合并计算个人所得税；非居民个人取得前款第一项至第四项所得，按月或者按次分项计算个人所得税。纳税人取得前款第五项至第九项所得，依照本法规定分别计算个人所得税。"第 3 条规定："个人所得税的税率:（一）综合所得，适用百分之三至百分之四十五的超额累进税率（税率表附后）;（二）经营所得，适用百分之五至百分之三十五的超额累进税率（税率表附后）;（三）利息、股息、红利所得，财产租赁所得，财产转让所得和偶然所得，适用比例税率，税率为百分之二十。"

第 6 条规定："应纳税所得额的计算:（一）居民个人的综合所

得，以每一纳税年度的收入额减除费用六万元以及专项扣除、专项附加扣除和依法确定的其他扣除后的余额，为应纳税所得额。（二）非居民个人的工资、薪金所得，以每月收入额减除费用五千元后的余额为应纳税所得额；劳务报酬所得、稿酬所得、特许权使用费所得，以每次收入额为应纳税所得额。（三）经营所得，以每一纳税年度的收入总额减除成本、费用以及损失后的余额，为应纳税所得额。（四）财产租赁所得，每次收入不超过四千元的，减除费用八百元；四千元以上的，减除百分之二十的费用，其余额为应纳税所得额。（五）财产转让所得，以转让财产的收入额减除财产原值和合理费用后的余额，为应纳税所得额。（六）利息、股息、红利所得和偶然所得，以每次收入额为应纳税所得额。劳务报酬所得、稿酬所得、特许权使用费所得以收入减除百分之二十的费用后的余额为收入额。稿酬所得的收入额减按百分之七十计算。个人将其所得对教育、扶贫、济困等公益慈善事业进行捐赠，捐赠额未超过纳税人申报的应纳税所得额百分之三十的部分，可以从其应纳税所得额中扣除；国务院规定对公益慈善事业捐赠实行全额税前扣除的，从其规定。本条第一款第一项规定的专项扣除，包括居民个人按照国家规定的范围和标准缴纳的基本养老保险、基本医疗保险、失业保险等社会保险费和住房公积金等；专项附加扣除，包括子女教育、继续教育、大病医疗、住房贷款利息或者住房租金、赡养老人等支出，具体范围、标准和实施步骤由国务院确定，并报全国人民代表大会常务委员会备案。”

个人所得税税率表一

（综合所得适用）

级数	全年应纳税所得额	税率（%）
1	不超过 36000 元的	3
2	超过 36000 元至 144000 元的部分	10
3	超过 144000 元至 300000 元的部分	20
4	超过 300000 元至 420000 元的部分	25
5	超过 420000 元至 660000 元的部分	30
6	超过 660000 元至 960000 元的部分	35
7	超过 960000 元的部分	45

（注 1：本表所称全年应纳税所得额是指依照本法第六条的规定，居民个人取得综合所得以每一纳税年度收入额减除费用六万元以及专项扣除、专项附加扣除和依法确定的其他扣除后的余额。

注 2：非居民个人取得工资、薪金所得，劳务报酬所得，稿酬所得和特许权使用费所得，依照本表按月换算后计算应纳税额。）

个人所得税税率表二

（经营所得适用）

级数	全年应纳税所得额	税率（%）
1	不超过 30000 元的	5
2	超过 30000 元至 90000 元的部分	10
3	超过 90000 元至 300000 元的部分	20
4	超过 300000 元至 500000 元的部分	30
5	超过 500000 元的部分	35

（注：本表所称全年应纳税所得额是指依照本法第六条的规定，以每一纳税年度的收入总额减除成本、费用以及损失后的余额。）

8 纳税需要注意哪些问题?

《个人所得税法》第11条规定:“居民个人取得综合所得,按年计算个人所得税;有扣缴义务人的,由扣缴义务人按月或者按次预扣预缴税款;需要办理汇算清缴的,应当在取得所得的次年三月一日至六月三十日内办理汇算清缴。预扣预缴办法由国务院税务主管部门制定。居民个人向扣缴义务人提供专项附加扣除信息的,扣缴义务人按月预扣预缴税款时应当按照规定予以扣除,不得拒绝。非居民个人取得工资、薪金所得,劳务报酬所得,稿酬所得和特许权使用费所得,有扣缴义务人的,由扣缴义务人按月或者按次代扣代缴税款,不办理汇算清缴。”第12条规定:“纳税人取得经营所得,按年计算个人所得税,由纳税人在月度或者季度终了后十五日内向税务机关报送纳税申报表,并预缴税款;在取得所得的次年三月三十一日前办理汇算清缴。纳税人取得利息、股息、红利所得,财产租赁所得,财产转让所得和偶然所得,按月或者按次计算个人所得税,有扣缴义务人的,由扣缴义务人按月或者按次代扣代缴税款。”第13条规定:“纳税人取得应税所得没有扣缴义务人的,应当在取得所得的次月十五日内向税务机关报送纳税申报表,并缴纳税款。纳税人取得应税所得,扣缴义务人未扣缴税款的,纳税人应当在取得所得的次年六月三十日前,缴纳税款;税务机关通知限期缴纳的,纳税人应当按照期限缴纳税款。居民个人从中国境外取得所得的,应当在取得所得的次年三月一日至六月三十日内申报纳税。非居民个人在中国境内从两处以上取得工资、薪金所得的,应当在取得所得的次月十五日内申报纳税。纳税人因移居境外注销中国户籍的，应当在注销中国户籍前办理税款清算。”第 14 条规定：“扣缴义务人每月或者每次预扣、代扣的税款，应当在次月十五日内缴入国库，并向税务机关报送扣缴个人所得税申报表。纳税人办理汇算清缴退税或者扣缴义务人为纳税人办理汇算清缴退税的，税务机关审核后，按照国库管理的有关规定办理退税。”

家庭篇

家庭和睦、事业有成，一向是中国人用来衡量人生成功与否的两大标准。现代社会，虽然成功的评价标准越来越个性化，单身的现象也越来越普遍，但是家庭作为社会细胞的重要地位仍未改变。结婚、离婚、抚养孩子、赡养老人……这些看似私人的事情实则涉及社会的道德评价和安定团结。因此，法律在一定限度内，对这些关系加以了一定的干预和调整。

走进婚姻殿堂

“男大当婚，女大当嫁。”婚姻无论是对个人幸福的追求还是人类的延续而言，都有极其重要的意义。结婚在许多人的眼里就是走过红地毯、喝喜酒、洞房花烛夜、度蜜月，充满了温馨与浪漫。但婚姻绝非儿戏，不仅是个人的终身大事，也是法律上的大事件，会产生一系列的法律关系（身份、财产关系等），法律理应对此加以调整。那结婚到底需要什么条件，经过何种程序呢？我们来看看相关法律、法规的规定。

9 结婚应具备哪些条件？

男女双方要想婚姻成立、生效，除都需要具备民事行为能力外，还必须满足婚姻法规定的以下条件：（1）《民法典》第 1046 条规定，结婚应当男女双方完全自愿，禁止任何一方对另一方加以强迫，禁止任何组织或者个人加以干涉。（2）《民法典》第 1047 条规定，结婚年龄，男不得早于二十二周岁，女不得早于二十周岁。

除上述积极条件外，还应满足下列禁止条件：（1）《民法典》第 1048 条规定："直系血亲或者三代以内的旁系血亲禁止结婚。"（2）《民法典》第 1051 条规定："有下列情形之一的，婚姻无效：（一）重婚；（二）有禁止结婚的亲属关系；（三）未到法定婚龄。"

10 结婚必须登记吗？

满足了以上法律条件，只要两情相悦，自愿缔结婚姻，就可以结婚了。但是，婚姻的缔结必须履行法定的手续，否则仍然不为法律所认可。我国《民法典》第 1049 条规定，要求结婚的男女双方应当亲自到婚姻登记机关申请结婚登记。符合本法规定的，予以登记，发给结婚证。完成结婚登记，即确立婚姻关系。未办理结婚登记的，应当补办登记。应当注意的是，虽然民法上有代理制度，但是在婚姻登记等涉及人身关系的重要场合，是不适用代理制度的，男女双方都必须亲自到婚姻登记管理机关办理有关手续。

《婚姻登记条例》第 5 条规定，办理结婚登记的内地居民应当出具下列证件和证明材料：（1）本人的户口簿、身份证；（2）本人无配偶以及与对方当事人没有直系血亲和三代以内旁系血亲关系的签字声明。

办理结婚登记的香港居民、澳门居民、台湾居民应当出具下列证件和证明材料：（1）本人的有效通行证、身份证；（2）经居住地公证机构公证的本人无配偶以及与对方当事人没有直系血亲和三代以内旁系血亲关系的声明。

办理结婚登记的华侨应当出具下列证件和证明材料：（1）本人的有效护照；（2）居住国公证机构或者有权机关出具的、经中华人民共和国驻该国使（领）馆认证的本人无配偶以及与对方当事人没有直系血亲和三代以内旁系血亲关系的证明，或者中华人民共和国驻该国使（领）馆出具的本人无配偶以及与对方当事人没有直系血亲和三代以内旁系血亲关系的证明。

办理结婚登记的外国人应当出具下列证件和证明材料:(1)本人的有效护照或者其他有效的国际旅行证件;(2)所在国公证机构或者有权机关出具的、经中华人民共和国驻该国使(领)馆认证或者该国驻华使(领)馆认证的本人无配偶的证明，或者所在国驻华使(领)馆出具的本人无配偶的证明。

11 婚检不强制了，还有必要进行吗?

《婚姻登记条例》取消了强制婚检，国家把婚检变成自愿进行的步骤，因此，在《婚姻登记条例》实施之后注册结婚的，婚前检查不再是法定条件，可以选择是否进行婚检。

但是，从科学的角度来讲，婚前检查对于预防先天缺陷婴儿的出生和防治艾滋病都是有很大帮助的，因此，还是建议有条件的“准夫妇们”进行婚前检查。

夫妻财产早协议

履行登记手续之后，男女双方便可以正式以合法夫妻名义共同生活了。在婚姻生活中，很多财产上的问题，如赠与等在夫妻感情面前都显得有些微不足道，很多夫妻怕谈这些问题“伤了和气”，殊不知，一旦婚姻破裂，这些曾经无视的“小问题”才真正“伤了和气”。

12 婚前财产协议需要公证吗？

《民法典》第1065条第1款、第2款规定："男女双方可以约定婚姻关系存续期间所得的财产以及婚前财产归各自所有、共同所有或者部分各自所有、部分共同所有。约定应当采用书面形式。没有约定或者约定不明确的，适用本法第一千零六十二条、第一千零六十三条的规定。夫妻对婚姻关系存续期间所得的财产以及婚前财产的约定，对双方具有法律约束力。"

如果你估计未来婚姻一旦出现裂痕，财产方面的纠纷无法避免，或者你根本不想在离婚时与对方就财产的问题纠缠不清，简单的方法只有一个，进行财产约定。

为了更好地保护双方的利益，使得财产协议更具正式的法律效力，还可以办理婚前财产公证。办理婚前财产公证要准备以下材料：身份证、户口簿；与约定内容有关的财产所有权证明；双方已经草拟好的协议书。双方必须亲自到公证处提出公证申请。公证申请被受理后，公证员就审核财产协议的内容，审查财产的权利证明、查问当事人的订约是否受到欺骗或误导，当事人应如实回答，公证员会履行必要的法律告知义务，告诉当事人签订财产协议后承担的法律义务和法律后果；当事人配合公证员做完公证谈话笔录后，在笔录上签字确认。双方当事人一旦在笔录上签字，该笔录就成为具有法律效力的书面证据保存于公证卷宗内。这份笔录和公证书可以防止当事人间出现纠纷。当然，即使不进行公证，夫妻间的财产协议只要不违反法律也是有效的。

13 哪些属于夫妻共同财产？

法律对于夫妻共同财产的范围作出了明确的界定。《民法典》第1062条规定："夫妻在婚姻关系存续期间所得的下列财产，为夫妻的共同财产，归夫妻共同所有：（一）工资、奖金、劳务报酬；（二）生产、经营、投资的收益；（三）知识产权的收益；（四）继承或者受赠的财产，但是本法第一千零六十三条第三项规定的除外；（五）其他应当归共同所有的财产。夫妻对共同财产，有平等的处理权。"第1063条规定："下列财产为夫妻一方的个人财产：（一）一方的婚前财产；（二）一方因受到人身损害获得的赔偿或者补偿；（三）遗嘱或者赠与合同中确定只归一方的财产；（四）一方专用的生活用品；（五）其他应当归一方的财产。"

按照《民法典》及相关司法解释的规定，在事先没有约定的前提下，仍然有一些财产不属于夫妻共同财产：

（1）个人婚前财产。个人财产不因婚姻延续转化为共有财产，婚前的财产永远是个人财产。即使未经公证，只要有证据证明属于一方婚前的财产，就属于个人财产。

（2）一方因受到人身损害获得的赔偿或补偿。婚后一方因工伤事故、交通事故、侵权损害等取得的医疗费、赔偿费，离婚时不宜按夫妻共同财产处理。军人的伤亡保险金、伤残补助金、医疗生活补助费都属于个人财产。这部分费用与特定的人身有密切联系，只能归身体残疾或受到损害的人单独所有。

（3）遗嘱或赠与合同中约定只归夫或妻一方的财产。

（4）一方专用的生活用品。例如，男士专用的刮胡刀，女士专用的化妆品等。

（5）其他应当归一方的财产。

14 婚房归谁所有？

现代社会，结婚前一方贷款买房、结婚后双方共同还贷的情况十分普遍。特别是按中国的传统及婚嫁习惯，一般由男方提供住房，房产一般也登记在男方名下，婚后往往夫妻双方共同还贷。那么离婚时房屋应该归谁？

《最高人民法院关于适用〈中华人民共和国民法典〉婚姻家庭编的解释（一）》（以下简称婚姻家庭编解释）明确离婚案件中一方婚前贷款购买的不动产应归产权登记方所有，对于婚后参与还贷的一方来说，离婚时本着照顾子女和女方权益的原则，由产权登记一方对另一方进行补偿。该解释第78条具体规定："夫妻一方婚前签订不动产买卖合同，以个人财产支付首付款并在银行贷款，婚后用夫妻共同财产还贷，不动产登记于首付款支付方名下的，离婚时该不动产由双方协议处理。依前款规定不能达成协议的，人民法院可以判决该不动产归登记一方，尚未归还的贷款为不动产登记一方的个人债务。双方婚后共同还贷支付的款项及其相对应财产增值部分，离婚时应根据民法典第一千零八十七条第一款规定的原则，由不动产登记一方对另一方进行补偿。"

另外，当下适婚的年轻人，已多为"85后"、"90后"独生子女，接受父母的房屋馈赠比较常见。那么，婚前或婚后父母为子女购买的不动产，离婚时该归谁？婚姻家庭编解释第29条规定：“当事人结婚前，父母为双方购置房屋出资的，该出资应当认定为对自己子女个人的赠与，但父母明确表示赠与双方的除外。当事人结婚后，父母为双方购置房屋出资的，依照约定处理；没有约定或者约定不明确的，按照民法典第一千零六十二条第一款第四项规定的原则处理。”

15 离婚时财产分割有何原则？

如果没有约定，夫妻任何一方又不愿意对财产让步，那么只有依法进行夫妻共同财产的分割，分割财产的规则是共同财产均分，婚前个人财产归个人所有。

分割夫妻共同财产，应先将夫妻共同财产从家庭共同财产中分割出来，夫妻如对共同财产有约定，按约定处理，但约定必须合法；没有约定的，可根据共同财产实际状况，结婚时间的长短，生产、生活的实际需要，以及财产的来源、数量等，合理分割。

按照《民法典》的规定，夫妻双方在离婚时，法律规定的属于个人所有的财产和夫妻双方约定属于个人所有的财产应当属于夫妻个人所有，不能作为夫妻共同财产进行分割。家庭共有财产中属于夫妻共同所有的财产，应当从家庭共有财产中分离出来。

离婚时，夫妻的共同财产由双方协议处理，协议不成时，由人民法院根据财产的具体情况，本着照顾女方和子女权益的原则判决。一般还要给因抚育子女、照料老人、协助另一方工作等付出较多义务的一方予以补偿。对于生活困难的一方，另一方也应给予适当的帮助。

16 “离婚冷静期”如何正确理解?

实践中，夫妻二人因生活琐事产生矛盾导致冲动离婚的现象时有发生，离婚之后发觉后悔的也不在少数，这不利于婚姻家庭的稳定。对此，《民法典》第1077条规定，自婚姻登记机关收到离婚登记申请之日起三十日内，任何一方不愿意离婚的，可以向婚姻登记机关撤回离婚登记申请。前款规定期限届满后三十日内，双方应当亲自到婚姻登记机关申请发给离婚证；未申请的，视为撤回离婚登记申请。这也就是我们通常所说的“离婚冷静期”。

对于该条规定，我们需要正确理解。“离婚冷静期”仅适用于双方自愿协议离婚的情形。即民政部门仅对夫妻双方对离婚、子女抚养、财产分割、债务承担没有争议的婚姻关系予以处理，若夫妻双方未就离婚事宜协商一致，则无法在民政部门办理离婚登记手续。要求离婚一方还可以选择通过诉讼方式请求法院解除夫妻关系。所以在离婚登记程序中引入离婚冷静期并不影响离婚自由。

我们要认识到，设置“离婚冷静期”目的是防止冲动离婚，但离婚主动权仍然掌握在夫妻双方手中。离婚冷静期内是否撤回离婚申请、冷静期届满后是否申请离婚，仍然取决于夫妻双方。[①]

---

① 参见《如何正确看待“离婚冷静期”？十问解答疑与惑来了》，载《法治日报》2021年1月17日。

17 谁有权抚养子女？

离婚之不幸在于夫妻二人不能携手到老，离婚之不幸又在于家庭的破裂，而对于子女来说这种不幸的感觉会来得尤为真切。父母离婚大多会给孩子的心灵蒙上一层阴影，这种阴影对他们的生活和学习会造成不利的影响，甚至会影响到他们的一生。所以关于离婚子女的教育、抚养问题更为社会所重视，法律对这些问题也作出了最利于子女的规定。前文已经说过关于离婚财产分割的法律问题，这里就只说一下关于离婚后子女的抚养、教育问题的法律规定。

子女抚养问题不容忽视

一般在离婚时，夫妻双方可以协商解决子女的抚养问题。有争议起诉的，一般应按照“有利于子女健康成长的原则”来办理。

根据《民法典》第1084条第3款及婚姻家庭编解释第4条，不满两周岁的子女，以母亲直接抚养为原则。但在以下情况下也可随父生活：母亲患有久治不愈的传染性疾病或其他严重疾病，子女不宜与其共同生活的；母亲有抚养条件不尽抚养义务，而父方要求子女随其生活的；因其他原因，子女确无法随母方生活的。子女已满8周岁的，应当尊重其真实意愿。

根据婚姻家庭编解释第46条的规定，对已满两周岁的未成年子女，父母均要求直接抚养，一方有下列情形之一的，可予优先考虑：“（一）已做绝育手术或者因其他原因丧失生育能力；（二）子女随其生活时间较长，改变生活环境对子女健康成长明显不利；（三）无其他子女，而另一方有其他子女；（四）子女随其生活，对子女成长有利，而另一方患有久治不愈的传染性疾病或者其他严重疾病，或者有其他不利于子女身心健康的情形，不宜与子女共同生活。”

子女抚养权是可以因情况变化而发生变更的。在出现下列情形时，子女抚养权可以变更，即婚姻家庭编解释第56条规定的：“具有下列情形之一，父母一方要求变更子女抚养关系的，人民法院应予支持：（一）与子女共同生活的一方因患严重疾病或者因伤残无力继续抚养子女；（二）与子女共同生活的一方不尽抚养义务或有虐待子女行为，或者其与子女共同生活对子女身心健康确有不利影响；（三）已满八周岁的子女，愿随另一方生活，该方又有抚养能力；（四）有其他正当理由需要变更。”

婚姻家庭编解释第59条规定，父母不得因子女变更姓氏而拒付子女抚养费。父或者母擅自将子女姓氏改为继母或继父姓氏而引起纠纷的，应当责令恢复原姓氏。

18 抚养费应如何支付？

· 案例回放

小强的父母在小强四岁时离婚，小强跟随母亲生活，小强父亲也没有支付抚养费。因母亲没有工作，二人生活很清贫，尤其是在小强上学以后家里开支增加，母亲无奈之下找到小强父亲要求其分担小强的生活和学习费用，但小强父亲以离婚后孩子已经不是自己的为由拒绝。小强母亲无奈之下起诉。

有的人认为离婚后没有抚养子女的一方就与子女没有关系了，这种想法是绝对错误的。父母与子女之间的关系，不因父母离婚而消除。离婚后，子女无论由父或母直接抚养，仍是父母双方的子女，父母对于子女仍有抚养和教育的权利和义务。

《民法典》第1085条规定："离婚后，子女由一方直接抚养的，另一方应当负担部分或者全部抚养费。负担费用的多少和期限的长短，由双方协议；协议不成的，由人民法院判决。前款规定的协议或者判决，不妨碍子女在必要时向父母任何一方提出超过协议或者判决原定数额的合理要求。"

本案中，小强父亲应当给付小强生活费和教育费，并直到小强成年。这期间如果发生了一些客观的变化，如物价上涨、小强生病住院等使开支增加的，小强或者母亲还可以再要求小强父亲增加抚养费，这一点法律是支持的。

那么是不是只要子女年满十八岁，父或母一方就不必负担抚育费了呢？《民法典》第1067条规定，父母不履行抚养义务的，未成年子女或者不能独立生活的成年子女，有要求父母给付抚养费的权利。成年子女不履行赡养义务的，缺乏劳动能力或者生活困难的父母，有要求成年子女给付赡养费的权利。婚姻家庭编解释第41条规定，尚在校接受高中及其以下学历教育，或者丧失、部分丧失劳动能力等非因主观原因而无法维持正常生活的成年子女，可以认定为民法典第1067条规定的"不能独立生活的成年子女"。

19 小林打伤人，父赔还是母赔？

· 案例回放

小林今年十岁，父母离异后随母亲生活，后母亲下岗，父亲每月付给300元抚养费。一天小林在学校踢球将乙同学踢伤，乙同学共花去医疗费用近4万元。这笔钱小林母亲无力偿付，其父亲是否有责任赔偿呢？《民法典》第1084条第1款、第2款规定，父母与子女间的关系，不因父母离婚而消除。离婚后，子女无论由父或者母直接抚养，仍是父母双方的子女。离婚后，父母对于子女仍有抚养、教育、保护的权利和义务。第1188条规定，无民事行为能力人、限制民事行为能力人造成他人损害的，由监护人承担侵权责任。监护人尽到监护职责的，可以减轻其侵权责任。有财产的无民事行为能力人、限制民事行为能力人造成他人损害的，从本人财产中支付赔偿费用；不足部分，由监护人赔偿。

20 离婚后，可否探视子女？

作为孩子的父母，想见到自己的子女是人之常情，法律当然要照顾人之常情。对此法律规定了父母对子女的探望权利。

《民法典》第1086条规定：“离婚后，不直接抚养子女的父或者母，有探望子女的权利，另一方有协助的义务。行使探望权利的方式、时间由当事人协议；协议不成的，由人民法院判决。父或者母探望子女，不利于子女身心健康的，由人民法院依法中止探望；中止的事由消失后，应当恢复探望。”

最后，笔者要说的是：孩子往大一点说是祖国的未来，往小一点说是父母的希望，为了您孩子的健康成长、幸福生活，在您不幸离婚的时候，请尽量为孩子的未来着想。

夫妻财产要合理分配

当人们走进结婚殿堂的那一刻，是否会有人想到离婚时的场景；当面对红地毯、参加婚宴的亲朋好友的时候，又有谁能想到和身边的这个人分手呢。但是，生活有时就是那么不幸，无论是感情还是婚姻都不是牢不可破的，甚至是相当脆弱的，尤其是现代社会里的婚姻。相对于过去，离婚已经不再是难以启齿的事情，再加上各种各样的原因，就造成了现代社会离婚率居于高位。离婚不仅是关于两个人分开的事情，还会涉及两个人财产的分割及子女的抚养问题。本篇仅就财产分割所涉及的法律问题给读者作一个基本的概括，希望能给大家一个参考意见。

21 法院哪些情形会判决离婚？

一般情况下，只要双方都同意离婚并就财产和子女的问题协商一致，就可以到婚姻登记部门办理离婚登记，领取离婚证即可。但是，现实生活中会有一些人不同意离婚或者对财产、子女的问题有争议，这样就要求助于法律了。法院接到离婚案件后，首先要进行调解，就是我们常说的劝和不劝分，但是闹离婚既然都闹到法院去了，调解的成功概率就不会高，大多数离婚案件就都会由法院来判决。法院判决离婚的标准是“感情破裂”这四个字。这四个字主观性很强，具体什么是“感情破裂”就要看法官如何界定了。不过也有一些比较客观的标准。

《民法典》第1079条规定：“夫妻一方要求离婚的，可以由有关组织进行调解或者直接向人民法院提起离婚诉讼。人民法院审理离婚案件，应当进行调解；如果感情确已破裂，调解无效的，应当准予离婚。有下列情形之一，调解无效的，应当准予离婚：（一）重婚或者与他人同居；（二）实施家庭暴力或者虐待、遗弃家庭成员；（三）有赌博、吸毒等恶习屡教不改；（四）因感情不和分居满二年；（五）其他导致夫妻感情破裂的情形。一方被宣告失踪，另一方提起离婚诉讼的，应当准予离婚。经人民法院判决不准离婚后，双方又分居满一年，一方再次提起离婚诉讼的，应当准予离婚。”根据婚姻家庭编解释第 1 条的规定，持续性、经常性的家庭暴力，可以认定为民法典第 1042 条、第 1079 条、第 1091 条所称的“虐待”。根据婚姻家庭编解释第 2 条的规定，《民法典》第 1042 条、第 1079 条、第 1091 条规定的“与他人同居”的情形，是指有配偶者与婚外异性，不以夫妻名义，持续、稳定地共同居住。夫妻双方因是否生育发生纠纷，致使感情确已破裂，一方请求离婚的，人民法院经调解无效，应依照《民法典》第 1079 条第 3 款第 5 项的规定处理。并且，在符合上述情形的离婚案件中，法院不应以当事人有过错而判决不准离婚。

其中，一方有《民法典》第 1079 条第 1 项、第 2 项规定或者其他重大过错情形导致离婚的，无过错方便可以要求有过错方给予损害赔偿。所以，与他人同居、虐待家庭成员等的一方在离婚时就不会那么轻松了，因为如果另一方要求他们赔偿，他们必须赔偿。但是受害方应当出示相关证据，否则权益将难以受到保障。

另外，对于男方提起的离婚诉讼，不是什么时候都可以提的，法律对此作出了一些限制。

· 案例回放

2021年张某与郑某结婚，婚后二人经常吵架，2022年张某怀孕，此时，郑某以感情不和为由要求离婚，张某坚决不同意，郑某遂起诉至法院要求判决离婚。而《民法典》第1082条规定：“女方在怀孕期间、分娩后一年内或者终止妊娠后六个月内，男方不得提出离婚；但是，女方提出离婚或者人民法院认为确有必要受理男方离婚请求的除外。”

以上规定是为了更好地保护女方的合法权益。所以，本案中，对待郑某的起诉，法院会劝其撤诉，如不撤诉的话，法院就会驳回男方的起诉。这段时间一过，男方才会恢复提出离婚的权利。关于离婚的另外一个限制规定是对于军人的配偶而言的：现役军人的配偶要求离婚的，应当征得军人同意，但是军人一方有重大过错的除外。

22 谁先提出离婚就别想要财产吗?

· 案例回放

甲男和乙女结婚后，经常为小事争吵，甚至动手打架，致使夫妻感情破裂。女方怕先提出离婚在分配共同财产时吃亏，便多次让男方提出离婚。迫于无奈，男方向法院提出离婚诉讼，这期间女方将家中财产搬光。当甲男对乙女的行为进行指责时，乙女说："你先提出离婚，就别想要财产。"此种说法大家都知道是不对的。我国《民法典》第1087条第1款规定："离婚时，夫妻的共同财产由双方协议处理；

协议不成的，由人民法院根据财产的具体情况，按照照顾子女、女方和无过错方权益的原则判决。”因此，在离婚时双方都有权分享夫妻财产。“谁先提出离婚谁就别想要财产”这种说法无法律依据，同时乙女因其转移财产的行为在分财产的时候还可能承担不利后果。

《民法典》第1092条规定：“夫妻一方隐藏、转移、变卖、毁损、挥霍夫妻共同财产，或者伪造夫妻共同债务企图侵占另一方财产的，在离婚分割夫妻共同财产时，对该方可以少分或者不分。离婚后，另一方发现有上述行为的，可以向人民法院提起诉讼，请求再次分割夫妻共同财产。”可见，本案女方的说法是多么的荒谬！

23 你的债你自己还？

· 案例回放

李某与张某系夫妻关系，婚后第四年李某染上重病，做手术花了很多钱，并且术后还要靠药物支撑，这是一笔很大的费用，总共花费了40万元人民币。张某在知道妻子的病以后，对妻子一反常态，夫妻关系急转直下。在妻子近两年的住院期间张某仅仅探视三次及拿出3万元费用，李某的其他手术费用均由李某的父母和哥哥垫付。张某在李某出院后数次要求离婚，李某最终同意。但二人对手术和后期药物的所欠费用产生了争执，张某坚持认为这笔债是为李某治病所欠，应由李某自己偿还。为此，二人诉至法院。

《民法典》第1089条规定：“离婚时，夫妻共同债务应当共同偿还。共同财产不足清偿或者财产归各自所有的，由双方协议清偿；协议不成的，由人民法院判决。”

本案关键在于认定为李某治病的费用是不是夫妻共同债务。李某生病治疗都是在婚姻关系存续期间发生的，夫妻有互相扶助的义务，当然要共同承担彼此治病的费用，夫妻的工资及积蓄不足以支付医疗、医药费，李某的家人为其垫付了医疗、医药费，张某自始至终都非常清楚，并没有表示反对。因此，垫付的医疗费用应为夫妻共同债务，张某要承担这些费用的百分之五十。

家庭成员的合法权益受法律保护

婚姻、家庭给人的感觉应该是美满、温馨的。然而，不幸的是，破裂的婚姻以及随之而来的破碎的家庭却越来越多，也给人们带来了无尽的伤害。虽然人们认为离婚是一件不幸的事，但是对于一些家庭来说，离婚也许是一种解脱，甚至是一件幸福的事。在这些家庭里，弱势的家庭成员常常遭受不公平或非人道的待遇，他们的生活是黑暗的、精神是压抑的。对于这些人的求助，如果不能很好地加以处理，不但对于当事人不利，对于社会影响也很坏，甚至会出现一些极端的结果，如以暴制暴。并且，保护他们的合法权益不仅是法律的职责，也是社会的职责。所以，处理好虐待、遗弃家庭成员的事情至关重要。

24 丈夫有抚养妻女的责任吗？

遗弃，是指负有抚养义务的人，对年老、年幼、患病或者其他没有独立生活能力的人拒绝抚养，情节恶劣的行为。抚养家人是作为人所应该具备的最基本的道德，可是，现实生活中却大量存在遗弃家人的现象。

·案例回放

2021年，王某与吴某结婚。不久，吴某怀孕，在丈夫和婆婆的热切期盼下，她终于分娩了，但却是个女孩。这与婆婆的愿望背道而驰，婆婆知道后大失所望并搬到女儿家，对儿媳妇和孙女一眼都不看，同时挑唆夫妻之间的关系，孩子还未满周岁，王某就提出离婚，被法院驳回。此后，王某在一年多的时间里不给吴某分文，致使母女生活极为困难。其后吴某向法院起诉，法院经调查审理认为，王某已构成遗弃罪，判处拘役并每月付给抚养费若干元。我国婚姻法明确规定保护妇女、儿童和老人的合法权益。《民法典》第1042条规定："……禁止家庭成员间的虐待和遗弃。"同时《刑法》第261条规定："对于年老、年幼、患病或者其他没有独立生活能力的人，负有抚养义务而拒绝抚养，情节恶劣的，处五年以下有期徒刑、拘役或者管制。"

这条规定在刑法里被称为遗弃罪。也就是说，遗弃家庭成员不仅是道德所不允许的，也是法律所不容的，法律甚至拿出了最严厉的手段——刑罚来惩罚这种行为。王某对于妻女有抚养的责任，但是他却拒不抚养妻女，是为遗弃，且已构成遗弃罪。

25 如何捍卫家庭成员的利益？

虐待家庭成员，一般是指以打骂、禁闭、冻饿、强迫过度劳动、有病不给医治或其他方法折磨、摧残家庭成员的行为。总之，凡是不人道地对待家庭成员的行为都可以视为虐待。与遗弃不同的是，此种行为并没有遗弃家庭成员，而是用各种方法对家庭成员的精神和身体进行摧残和虐待。

· 案例回放

王某与张某结婚后，对张某时时打骂，不时进行虐待，致使张某精神恍惚，无法正常生活。我国为保护家庭成员的合法权益，在《民法典》中规定禁止家庭成员间的虐待。并且我国《刑法》第260条规定："虐待家庭成员，情节恶劣的，处二年以下有期徒刑、拘役或者管制。犯前款罪，致使被害人重伤、死亡的，处二年以上七年以下有期徒刑。第一款罪，告诉的才处理，但被害人没有能力告诉，或者因受到强制、威吓无法告诉的除外。"

这就是刑法里所说的虐待罪的法条规定。也就是说，任何人虐待了自己的家庭成员，如果情节严重的，就要受到刑事法律的制裁，当然，原则上这是以告诉为前提的。刑法中的大部分犯罪都是由国家出面作为公诉人来起诉的，而有一些罪名则是不告不理的，即受害人或其他人不到法院起诉，国家司法机关是不会主动处理的。但是，刑法对虐待罪的不告不理规定了两项例外情形，即被害人没有能力告诉或者因受到强制、威吓无法告诉的情况下，有关部门应主动介入，不再适用不告不理。本案中，张某如果通过和解、调解的方法不能够解决自己受虐待的问题，应当以其受虐待的事实为由到法院提起自诉，寻求法律的保护；但是若张某没有能力告诉或受到王某强制、威吓而无法告诉的，有关部门应主动介入，保护张某的合法权益。

26 怎样抵抗家庭暴力?

前文已经说过的遗弃和虐待问题中，一般都会伴有家庭暴力。家庭暴力，顾名思义可以把它理解为对家庭成员的打骂，不仅如此，一般来讲，发生在家庭成员之间的，造成身体、精神、性或财产上损害的行为，都可以视为家庭暴力，家庭暴力一般具有连续性或持续性。家庭暴力已经是家庭不睦的重要因素。而对于生活在阴影中受虐者的妇女来说，一直缺乏一个有效的、合理的机制来解决她们的不幸，虽然国家有相关的立法来保护这些弱者，但是，个别工作人员却总是本着“宁毁一座庙，不拆一家亲”的原则、“家务事”的借口，尽量调解——调解再调解，殊不知这样做恰恰使得受虐人难逃魔窟。在求助无效的情况下，她们试图凭借自己的力量解脱这种痛苦，甚至选择以暴制暴的极端方法。可见，如果对家庭暴力处理不当是很容易出现受害者反害人的情况的，那么，遇到家庭暴力应当如何解决呢?

第一，调解。这里调解人包括家人、亲戚、朋友、同事或妇联等机构，当然，这主要用于伤害比较轻的家庭暴力，而且也不能“只调不解”。

第二，诉讼。可以根据《民法典》第1091条第3项“（三）实施家庭暴力”的规定起诉离婚并可以要求民事赔偿。这样，就可以彻底逃离家庭暴力的伤害了。但是，有时对方会用各种方法威胁并阻止离婚。这时，对于严重的家庭暴力就可以提起刑事诉讼，根据前面所列刑法的规定，起诉丈夫构成遗弃罪、虐待罪、故意伤害罪等罪名，并可以要求他们对自己的伤害所造成的损失给予赔偿，一般表现为医疗费用等，即可以提起刑事附带民事诉讼。

第三，要对那些虐待、遗弃、实施家庭暴力的人说：不知事实可以作为借口，但不知法却不能开脱罪责。不要总以为虐待、遗弃、打骂家庭成员是自己家里的事，别人管不着，法律也不会管，要知道法律有着一双明亮的眼睛。

赡养老人是法定的义务

这个世界上你也许没有兄弟、没有姐妹，但是你绝不会没有父母。没有父母也就无所谓有我们。父母生我们、养我们、教育我们，为我们耗尽了青春，操尽了心。我们应该用我们的一生来报答他们。至少要在他们需要我们的时候给他们以最基本的帮助，这是我们作为人最起码的良知。然而，在物质文明高度发达的今天，却总有那么一些人弃父母于不顾，连父母的基本生活都不能保证，让年迈的父母缺衣少食，不能正常地生活。这是社会道德所不允许的，也是法律所不允许的。我国已经出台了关于保护老年人权益的法律规定，尤其是要保护那些无劳动能力或者不被赡养的老年人。这里，我们要对那些不被赡养的或不被很好地赡养的父母们说：拿起你们的法律武器，捍卫你们的基本权利和法律尊严，哪怕那个人就是你的儿女。要知道对于不孝顺的子孙，就更应该用法律的手段来教育他们。

除了家里人要担负起抚养老年人的义务外，社会也会对特殊的老年人担负起扶养的义务。其中，城市的老年人，无劳动能力、无生活来源、无赡养人和扶养人的，或者其赡养人和扶养人确无赡养能力或者扶养能力的，由当地人民政府给予救济。农村的老年人，无劳动能力、无生活来源、无赡养人和扶养人的，或者其赡养人和扶养人确无赡养能力或者扶养能力的，由农村集体经济组织负担保吃、保穿、保住、保医、保葬的五保供养（就是人们所说的五保户），乡、民族乡、镇人民政府负责组织实施。国家法律明确规定主要是有以上这些情况的老人才是由社会保障的，所以，家庭仍担负着赡养老人的主要任务。

27 法律保障父母受赡养的权利吗？

《老年人权益保障法》第 13 条规定："老年人养老以居家为基础，家庭成员应当尊重、关心和照料老年人。"

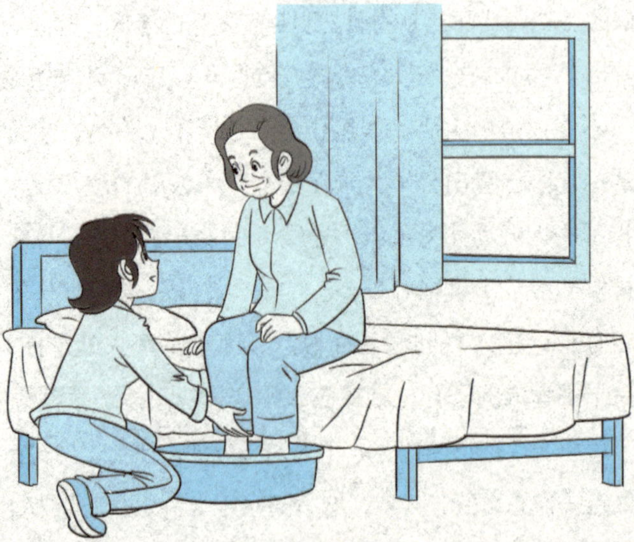

随着改革开放的深入，人们的追求呈现出一种利益化、经济化的趋势，这种趋势固然可以推动社会经济的发展，然而，它却也可以使有些人见利忘义，道德水准严重降低。近年来出现的不少状告儿女不赡养老人的官司就是其表现。

《老年人权益保障法》第19条规定："赡养人不得以放弃继承权或者其他理由，拒绝履行赡养义务。赡养人不履行赡养义务，老年人有要求赡养人付给赡养费等权利。赡养人不得要求老年人承担力不能及的劳动。"

这就是说，子女不得以任何理由来逃避对老年人的赡养义务，哪怕是放弃继承权也不行。这是保障老人基本生活的基本条件，不容逃避。

这里的赡养不仅包括物质上的赡养，还包括精神上的赡养。《老年人权益保障法》第18条规定："家庭成员应当关心老年人的精神需求，不得忽视、冷落老年人。与老年人分开居住的家庭成员，应当经常看望或者问候老年人。用人单位应当按照国家有关规定保障赡养人探亲休假的权利。"将"常回家看看"规定为一项法律义务，如果子女不履行相关义务，则属于违法。

28 不被赡养怎么办?

如果发生不被赡养的事件，老年朋友可通过以下途径解决：

《老年人权益保障法》第75条规定："老年人与家庭成员因赡养、扶养或者住房、财产等发生纠纷，可以申请人民调解委员会或者其他有关组织进行调解，也可以直接向人民法院提起诉讼。人民调解委员会或者其他有关组织调解前款纠纷时，应当通过说服、疏导等方式化解矛盾和纠纷；对有过错的家庭成员，应当给予批评教育。人民法院对老年人追索赡养费或者扶养费的申请，可以依法裁定先予执行。”

如果能调解协商解决固然好，当这种方法不能解决问题时，就应当拿起法律的武器来解决问题了——到法院起诉。到法院起诉时，如果儿女众多不在同一地区的话，老年人可以向本人住所地法院起诉。

法律不会强迫一个人去做他不可能做到的事。赡养父母对于大部分子女来说不是件难事，更不是做不到的事。所以，子女有点良知的话，就应该赡养和尊重老人，关心他们的经济和精神生活。否则的话，法律就会伸出正义之手来保护老人的合法权利。

29 父母岂能被赶出家门?

近年来，一些不肖子孙在自己成家立业后就忘记了父母的养育之恩，居然将父母赶出家门，每一个有良心的人都会认为这是不齿之事。

· 案例回放

李某守寡多年，只有二子，原与小儿子在老房子一起居住。小儿子大面积修葺完老房子并结婚以后却将老人赶出家门。现老人与大儿子居住。老人状告小儿子，要求要回自己的房子。

依据《老年人权益保障法》第 16 条的规定：“赡养人应当妥善安排老年人的住房，不得强迫老年人居住或者迁居条件低劣的房屋。老年人自有的或者承租的住房，子女或者其他亲属不得侵占，不得擅自改变产权关系或者租赁关系。老年人自有的住房，赡养人有维修的义务。”

所以，依据此条规定，本案中小儿子无权将老人赶出老人自己的家，他更不能以修葺老房为由而占有该房，这是违法的。

30 老年人的婚姻需要保护吗？

· 案例回放

某市张某于1966年与刘某结婚，生育一儿二女，均已结婚另立门户。2020年7月，刘某因病去世，张某一人独居。因儿女很少探望，张某常常觉得生活诸事不便和寂寞，2021年12月经人介绍，张某与54岁的李某相识，并想与之结为伴侣。张某的儿女知道后，极力反对，恶语相加。在女儿的干涉下，张某不敢与李某在家见面，只能躲到公园里相对垂泪，并最终屈服于儿女的压力而停止往来。

《老年人权益保障法》第 21 条规定：“老年人的婚姻自由受法律保护。子女或者其他亲属不得干涉老年人离婚、再婚及婚后的生活。赡养人的赡养义务不因老年人的婚姻关系变化而消除。”

同时，《民法典》第 1041 条第 3 款中也明确规定了保护老年人的合法权益。我国《民法典》规定的“婚姻自由”原则，是法律赋予所有人的权利，当然也包括老年人。在法律上，任何人的婚姻自由权利都是平等的。丧偶老人再婚，只要是出于双方自愿，并且符合法律的规定，都应当受到法律的保护，任何人不得非法干涉。在现实生活中经常出现的子女为维护自己的继承利益而禁止单身父母再次结婚的行为是违法的。

立个遗嘱安排身后事

我们每个人都会死亡，但死亡并不可怕。可怕的是人死亡以后我们的亲友会为我们的死去而发生这样或那样的纠纷。无论是过去、现在还是将来，国内还是国外，亲友们为争夺遗产而争论不休，甚至大打出手、对簿公堂的事屡见不鲜。这不足为奇，一个人死亡以后，他生前的财产会处于一种所有权待定的状态，而作为他的儿女、妻子，甚至朋友都可能得到这份财产，所以每一个有机会的人都有期待得到这份遗产的权利。这在一定程度上会造成遗产继承上的混乱。所以，为了避免这种混乱，人们用法律来规定了遗产继承的顺序、遗产分割等相关事宜。在这之外，我们还可以用立遗嘱的形式来确定我们死后财产的归属。那么，遗嘱应该如何立呢？ 会涉及哪些注意事项呢？

· 案例回放

张甲，某公司经理。张乙，某村小学教师。二人系兄弟，他们的父亲张父系某村农民，家有房产数间，老伴早亡。2015年和2017年张甲、张乙相继结婚。早些年，张甲无工作，在家务农，无固定收入。而张乙在村小学任教，经济较其兄要好，并收入稳定。2019年，张父考虑到这一情况，立下遗嘱，“我死后，房产归张甲继承”。并到公证处办理了公证。此后，张甲进城开办了贸易公司，生意越做越红火，收入颇丰，相比之下，仍当小学教师的张乙显得寒酸多了。根据这一变化了的情况，2021年，张父又写下遗嘱：“我死后，房产归张乙继承。”写后将遗嘱交给了张乙。2022年，张父去世，张甲、张乙因房产继承发生了争执，二人各持一份遗嘱，张甲说，我这份遗嘱是公证遗嘱，应当有效；张乙说，我这份遗嘱是最后遗嘱，应当有效。各有各的理，争执不下。《民法典》第1142条规定："遗嘱人可以撤回、变更自己所立的遗嘱。立遗嘱后，遗嘱人实施与遗嘱内容相反的民事法律行为的，视为对遗嘱相关内容的撤回。立有数份遗嘱，内容相抵触的，以最后的遗嘱为准。"本案中张父有权变更自己的遗嘱。本案应以最后遗嘱为准，房产归张乙继承。即使张甲所持的遗嘱所立时间早于张乙所持的遗嘱，且办理了公证，仍不具备优先效力。

31 哪些财产可以作为遗产处分?

不是说所有的财产都可以由当事人来立遗嘱的，只有他自己有权处理的合法财产才可以立遗嘱作为将来自己的遗产来处分。根据《民法典》第1122条规定，遗产是自然人死亡时遗留的个人合法财产。依照法律规定或者根据其性质不得继承的遗产，不得继承。

32 如何立遗嘱?

立遗嘱可以采取多种形式。一般可以：①自己写，称为自书遗嘱，是由遗嘱人亲笔书写，签名，注明年、月、日；②公证遗嘱，由立遗嘱人立完遗嘱后到公证机关办理公证；③由他人代写的遗嘱，即代书遗嘱，这种遗嘱应当有两个以上见证人在场见证，由其中一人代书，注明年、月、日，并由代书人、其他见证人和遗嘱人签名；④以录音形式立的遗嘱，也要有两个以上见证人在场见证；⑤遗嘱人在危急情况下，还可以立口头遗嘱，口头遗嘱同样要有两个以上见证人在场见证才有效。危急情况解除后，遗嘱人能够用书面或者录音形式立遗嘱的，所立的口头遗嘱也就无效了；⑥打印遗嘱应当有两个以上见证人在场见证。遗嘱人和见证人应当在遗嘱每一页签名，注明年、月、日。以上所说的见证人是有限制的，下列人员不能作为见证人：①无民事行为能力人、限制行为能力人，他们不但不能作为见证人，而且也不能立遗嘱，他们所立的遗嘱是无效的。此外，还有其他不具有见证能力的人；②继承人、受遗赠人；③与继承人、受遗赠人有利害关系的人。对遗嘱的内容法律作出的强制性规定是，遗嘱应当对缺乏劳动能力又没有生活来源的继承人保留必要的遗产份额。这是为了保障缺乏劳动能力又没有生活来源的继承人的基本生活，体现了法律的人性化。立遗嘱后，遗嘱人实施与遗嘱内容相反的民事法律行为的，视为对遗嘱相关内容的撤回。

33 哪些遗嘱是无效的?

所立的遗嘱无效，无论对于立遗嘱之人还是其亲属而言，都是一件麻烦的事。所以，在写遗嘱时一定要注意法律的规定，避免做无用功。同时，法律对无效遗嘱作出规定也是为了防止不法分子的违法行为，避免给当事人及其亲属造成不必要的损失。《民法典》第1143条规定，无民事行为能力人或者限制民事行为能力人所立的遗嘱无效。遗嘱必须表示遗嘱人的真实意思，受欺诈、胁迫所立的遗嘱无效。伪造的遗嘱无效。遗嘱被篡改的，篡改的内容无效。

第二编

消费理财

现代社会是商业社会，很少有人会只盯着自己“一亩三分地”的收成而不及其余，投资理财已经成了现代人使财产保值增值的重要手段。买房子、办企业、炒股票、贷款……商业活动充斥着人们的日常生活。在这些活动中，风险与收益并存，如何最大限度地保护自己的权益是人们最关心的问题。在理财过程中，请牢记：法律是维权的手段和财富的保障。

消费合同篇

消费的目的是满足生产生活的需要，人们日常生活中的衣食住行都离不开消费，我们每个人都扮演着消费者的角色。能够得到满意、放心的商品或服务是消费者最大的希望，但面对经济实力雄厚、掌握专业技术的商家，作为消费者的我们明显处于弱势地位，因此法律对我们在消费过程中的合法权益提供了可靠保障。

行使消费者的权利（上）

人一出生就意味着要作为一个消费者的角色而存在，无论是吃饭、穿衣、买房、出门、旅游、上学等，我们都和消费二字脱不了关系，甚至可以说，消费是我们日常生活中非常重要的一部分。然而我们也知道，在日常消费中，商家固然有义务在消费的过程中提供让我们满意的商品和服务，但是也有不尽如人意之处，如新买的电器用了不久就失灵了、在饭店吃饭的时候忽然发现饭菜里有虫子、商家拒绝给您开发票、您在超市寄存的物品丢失等都会让您感觉很不愉快。所以我们在消费的时候应该运用自己了解的关于消费方面的法律知识，积极地用法律来保护自己作为消费者的权利，以尽量避免不愉快的事情发生和不必要的麻烦。那么我们在消费的过程中如何行使自己的消费者权利呢？下面提供了一些消费者在消费过程中应该了解的一些基本法律常识，希望能有所裨益。

1 消费协会是什么组织？

每年的3·15消费者权益保护日已经逐渐深入人心，大家对消费者协会组织已不再陌生，当我们在消费的过程中，若发现自己的消费者权利被侵犯，首先可以向消费者协会投诉或者反映，消费者协会作为依法成立的对商品和服务进行社会监督的保护消费者合法权益的社会团体，能以调解或者监督的形式及时有效地维护消费者权益。向消费者协会组织投诉已经成为消费者首先选择的维权形式。与诉讼相比，消费者协会组织进行的调解、调查监督具有及时、快速、成本低等优势，所以，若只是些标的额较小的、争议不大的消费纠纷，选择消费者协会居中调解的解决纠纷的方法是非常适合的。

2 责任面前，厂家和商家谁来担责？

· 案例回放

王某从个体户肖某的小杂货店购买了3瓶啤酒。回到家中，王某弯腰把啤酒放到地上，刚将啤酒放下还未起身，其中的2瓶啤酒突然发生爆炸，弹起的瓶盖将王某的眼睛打伤，破碎的玻璃也将王某的脸、胳膊、腿等多处划伤。王某住院治疗花费4000多元，于是要求肖某赔偿其全部医疗费用及误工费、营养费及其他费用。而肖某认为啤酒爆炸伤人应该只由啤酒厂家负责。后来经有关部门进行鉴定：啤酒爆炸是由于瓶内啤酒的压力严重超过标准所导致，责任在于啤酒厂家。王某因此向法院起诉要求肖某和啤酒厂家赔偿他因啤酒爆炸所遭受的所有损失。而肖某坚持认为啤酒爆炸完全是由于啤酒厂家的原因，自己无承担赔偿责任的义务。王某究竟有无权利要求肖某赔偿呢？

按照《消费者权益保护法》第40条的规定，消费者在购买、使用商品时，其合法权益受到损害的，可以向销售者要求赔偿。消费者或其他受害人因商品缺陷造成人身、财产损害的，既可以只向销售者或者厂家要求赔偿，也可以向厂家和销售者共同要求赔偿。所以在本案中，王某因啤酒爆炸所受到的人身伤害既可以向肖某要求赔偿，也可以要求啤酒厂家赔偿，而王某起诉至法院要求肖某和厂家共同赔偿是完全受到法律支持的，肖某无权拒绝王某的索赔。但是肖某赔偿后可以向责任厂家追偿其支付的赔偿费。

3 买到假货即可“退一赔三”？

“王某打假”想必是很多商家和许多消费者耳熟能详的名词了，大部分消费者对“退一赔一”的责任形式似乎也颇为了解，2013年《消费者权益保护法》将其修改为“退一赔三”，然而，并不是所有消费者权益纠纷都适用这条规则，它的适用有一定的范围和条件。《消费者权益保护法》第55条第1款明确规定，只有经营者提供商品或者服务有欺诈行为的，消费者才有权要求经营者增加赔偿其受到的损失，增加赔偿的金额一般为消费者购买商品的价款或者接受服务的费用的三倍；增加赔偿的金额不足500元的，为500元。其中关键的是如何认定“欺诈行为”。一般地，经营者应当保证在正常使用商品或接受服务的情况下提供的商品或者服务应当具有的质量、性能、用途和有效期限，若经营者明知自己的商品或者提供的服务不符合正常标准，而故意告诉消费者虚假情况，或者隐瞒真实的情况，使消费者做出错误的决定而购买商品或者接受服务，就可以认定为欺诈行为。消费者一旦遇上经营者这种欺诈行为就可以依据《消费者权益保护法》第55条第1款的规定要求对方“退一赔三”，这是对经营者较为严厉的惩罚，也是对消费者权益最为切实的保护。

经营者作为双方当事人中较为强势的一方，很多时候会置消费者权益于不顾，这时候，消费者不应当委曲求全或者不屑一争，而应拿起法律这把利剑，为自己作为消费者的权利而与经营者斗争，维护自己的正当合法权利。

行使消费者的权利（下）

作为普通的消费者，我们经常遇到这样的情况：商场的店堂告示上标有“本店商品一经售出，如无质量问题，概不退换”的字样；在商场购买的商品质量发生问题后，商场将责任推诿到柜台承包者的身上，而此时，承包人已经溜之大吉；如此种种。

相对于商家而言，消费者处于弱势地位，因此在日常购物时，更要注意了解《消费者权益保护法》《产品质量法》《食品安全法》等与我们息息相关的法律，懂得运用法律武器保护自己的合法利益。

4 如何面对“概不负责”条款?

商家为了免除自己的责任，往往会在商品上作出一些“概不负责”的标示，当出现问题的时候，就以此“提前通知”为借口，拒绝顾客的索赔要求。有些顾客会被经销商振振有词的架势唬住，真的以为厂家作出这种声明后就不承担责任了。

法律对此到底是怎么规定的呢?《消费者权益保护法》第26条规定:“经营者在经营活动中使用格式条款的，应当以显著方式提请消费者注意商品或者服务的数量和质量、价款或者费用、履行期限和方式、安全注意事项和风险警示、售后服务、民事责任等与消费者有重大利害关系的内容，并按照消费者的要求予以说明。经营者不得以格式条款、通知、声明、店堂告示等方式，作出排除或者限制消费者权利、减轻或者免除经营者责任、加重消费者责任等对消费者不公平、不合理的规定，不得利用格式条款并借助技术手段强制交易。格式条款、通知、声明、店堂告示等含有前款所列内容的，其内容无效。”由此可见，商家作出的这种不合理的免除自己责任的“事先声明”，是不符合法律规定的，消费者的正当权益受到侵害时，不必因为存在这种条款就心存疑虑，只要产品或者服务的问题属于应该赔偿的范围，商家就应该负责任。

5 商场与销售商谁赔偿？

· 案例回放

李某在商场一专柜打折时买了一套折后1800元的西服，结果回去穿了几次后出现脱线、起球、褶皱等问题，严重影响穿着的美观。他于半个月后来到该商场，发现这个品牌已经撤柜，不见踪影。于是李某找商场索赔，商场却推诿责任，认为是该品牌的服装出了问题，与商场无关。从法律上来讲，李某究竟应该向谁索赔是首先需要解决的问题。

按照《消费者权益保护法》第43条的规定："消费者在展销会、租赁柜台购买商品或者接受服务，其合法权益受到损害的，可以向销售者或者服务者要求赔偿。展销会结束或者柜台租赁期满后，也可以向展销会的举办者、柜台的出租者要求赔偿。展销会的举办者、柜台的出租者赔偿后，有权向销售者或者服务者追偿。"也就是说，在找不到具体销售商的情况下，李某可以要求商场赔偿，"和尚跑了庙还在"，商场不能以不是自己的商品为由不承担责任。但商场有权向该品牌的经销商追偿。

6 超市寄存物品丢失怎么办？

· 案例回放

王某到某超市购物，携带的两个包（内有数码相机、充电器、耳机、电池、洗漱用品等物）寄存在自动储物柜内，待购物结束提取寄存物品时发现密码条中的密码失效，无法取出物品，后打开所有储物柜均未找到王某所有的物品。王某认为，其到超市处购物，与超市形成了服务合同关系。超市为防止其商品被窃，提供储物柜，要求购物者存包。超市有义务保障购物者的人身、财产安全。但超市并未尽到其安全监管义务，造成王某物品丢失，超市对王某物品的丢失存在重大过失，应当承担赔偿责任，故诉至法院要求某超市赔偿经济损失7500元。

法律保护合同双方的合法权益。因本案发生于某超市经营场所内，且某超市安置了监控摄像头，故某超市应对王某未实施存包行为以及密码条曾被使用过的情况负有举证责任，现某超市并未提供充分证据证明以上事实。王某在某超市进行免费存包，双方已形成无偿保管合同关系。王某存于某超市储物柜内的物品丢失，在这种情况下，某超市是否应对王某物品丢失的结果承担赔偿责任成为本案的争议焦点。本案中的保管为无偿保管，无偿保管就是要求保管人像保管自己的物品那样尽到同样的注意义务。保管人某超市应负有证明自己没有重大过失的举证义务，但某超市对此并未提供充分证据予以证明，且其监控摄像头被立柱挡住形成监控盲区的事实亦证明其在履行安全保障义务的过程中存在过错。因此，某超市应对王某物品丢失的损害结果承担相应赔偿责任。对于赔偿数额，根据《民法典》第898条的规定，寄存人寄存货币、有价证券或者其他贵重物品的，应当向保管人声明，由保管人验收或者封存，寄存人未声明的，该物品损毁、灭失后，保管人可以按照一般物品予以赔偿。另外，某超市张贴有顾客存包须知，明确声明现金、支票、票据、手机、随身听、摄影机、照相机、首饰等贵重物品不予寄存，王某称丢失的物品中有数码相机等贵重物品。对此，某超市为顾客提供免费存包服务，并声明不予寄存贵重物品，应视为一项合同条款，对双方具有约束力，寄存人如想寄存贵重物品，应向保管人声明，双方对此进行协商。对于寄存人未声明的，如果贵重物品损毁、灭失，保管人按一般物品予以赔偿。

7 超市岂有搜身权？

近年来，有关超市怀疑消费者有漏付款项或者消费者是小偷，进而采取强制手段进行搜身的新闻屡屡见诸报端。某市一名70多岁的老太太到一家大型超市购物，因为超市警报器误响，不得不在超市保卫处接受检查，最终脱得只剩内衣，这才证明了自己的“清白”。虽然类似事件多以超市道歉和象征性赔偿告终，但其屡屡发生，已经渐成一种危险的惯例，危害着消费者的人身自由和人格尊严。

实际上，无论警报器叫得多么厉害，超市都没有资格对消费者进行强制性搜身。根据我国《宪法》第37条的规定，中华人民共和国公民的人身自由不受侵犯。禁止非法搜查公民的身体。依据《刑事诉讼法》的规定，只有侦查机关如公安机关才有权对公民进行搜查，而且一般都需要搜查证。《消费者权益保护法》第27条也明确规定：“经营者不得对消费者进行侮辱、诽谤，不得搜查消费者的身体及其携带的物品，不得侵犯消费者的人身自由。”如果发生类似情况，消费者要懂得保护自己。应当保持冷静的态度，尽可能与超市工作人员协商解决，在合情合理的范围内配合超市排除怀疑，但如果对方坚持搜身，要明确自己并没有配合超市进行人身检查的义务，应该严词拒绝和告诫，最好设法报警，并且保存超市侵权的证据。

8 索赔期限有多长?

发现商品出现质量问题后，消费者应该尽快和商家取得联系，协商解决，不要超过诉讼时效，否则，即便起诉，如被告方以超过诉讼时效提出辩护，法院也不会支持原告的主张。因为法律规定的保护时间已经过去了，法律不保护总是躺在权利上睡觉的人。

那消费者索赔的具体期限是多久呢？按照《产品质量法》第45条的规定，因产品存在缺陷造成损害要求赔偿的诉讼时效期间为二年，自当事人知道或者应当知道其权益受到损害时起计算。因产品存在缺陷造成损害要求赔偿的请求权，在造成损害的缺陷产品交付最初消费者满十年丧失。但是，尚未超过明示的安全使用期的除外。

法律永远是追求公平的。相对于生产者和经营者而言，它会事先为处在弱势地位的消费者撑开强大的保护伞。消费者也应该利用法律的倾斜，更好地保护自己的正当权益。

买房的困惑

“我想有个家，一个不需要多大的地方，在我疲惫的时候，我才会想到它……”这首歌唱出了很多人的心声，大家都渴望有个家，这个家，不需要多大的地方，我们就可以在里面实现家的梦想，从某种意义上来说，有房才有家。因此买房，对于每个想要有个家的人来说是十分重要的一件事情。如何才能顺利而快速地买到自己心仪的房产，实现自己拥有家的梦想？适当了解有关购房的基本法律知识定会在购房当中有所帮助。

9 商品房销售广告中的承诺有约束力吗？

如今，房地产市场竞争日渐激烈，众多房地产公司都使出浑身解数，在广告当中大做文章，以期吸引消费者的目光。随着许多房地产项目的出现，各种看起来很吸引人的承诺、广告词也不断出现在开发商各种广告图片和宣传资料中，这对购房者有很大的吸引力。为此，有些开发商会在房屋建设伊始，甚至在地基刚施工，就大肆宣传未来商品房具有如何的优势和哪些让人向往的齐全设施，如“绿化率位居北京现有社区前列”“房产坐落于山水之间”“小学、中学、大学、邮局、大型商场、车库一应俱全”等，消费者们看得眼花缭乱，心飘飘然，一些人冲动之下，立马签下合同。

殊不知，在许多情况下，开发商的商品房销售广告承诺的条件较多，而在实际签订合同中，开发商往往又会找借口，不将广告中所宣传的能打动消费者购房的那些条件写进去，而消费者往往因为经验欠缺或者大意忽视，在签订合同时没有提及。如果真若此，在签订合同后交房时，消费者以广告宣传资料为依据向开发商要求兑现之前的承诺时，开发商往往以仅仅是广告且没在合同中约定为由而推脱责任。这对消费者是非常不利的，即使是真要为此打官司，法院一般会支持开发商，而消费者却要吃很大亏。为此，《商品房销售管理办法》第14条、第15条明确规定，房地产开发企业，房地产中介服务机构发布的商品房销售广告的内容必须真实、合法、科学、准确；宣传资料所明示的事项，当事人应当在商品房买卖合同中约定。所以，根据这两条规定，消费者凭《商品房销售管理办法》的相关条文，有权要求开发商将广告中的主要条件列入房屋买卖合同中，如若未列入，消费者的权益则很难得到保障。

但是在特殊的情况下，售房广告也具有法律约束力。《最高人民法院关于审理商品房买卖合同纠纷案件适用法律若干问题的解释》第3条规定："商品房的销售广告和宣传资料为要约邀请，但是出卖人就商品房开发规划范围内的房屋及相关设施所作的说明和允诺具体确定，并对商品房买卖合同的订立以及房屋价格的确定有重大影响的，构成要约。该说明和允诺即使未载入商品房买卖合同，亦应当视为合同内容，当事人违反的，应当承担违约责任。"

10 一房二卖，如何保护自己的权益？

· 案例回放

万某欲购买祁某的二手商品房一套，双方经约定，签订了房屋买卖合同。考虑到办理二手房过户的税收费用问题，万某付清房款后，祁某将房产证与房屋交付给了万某，但未及时办理过户。而后，祁某又将该房屋出售给刘某，并协助刘某办理了过户手续。后刘某要求万某限期腾房。因协商不成，刘某起诉至法院。

根据《民法典》第209条第1款的规定，不动产物权的设立、变更、转让和消灭，经依法登记，发生效力；未经登记，不发生效力，但是法律另有规定的除外。依法属于国家所有的自然资源，所有权可以不登记。在本案中，尽管万某拿到商品房的原产权证并已实际占有使用该商品房，但因未能将房产证过户到自己名下，因此并未取得该商品房的所有权。而刘某签订合同后，办理了过户登记手续，则依法取得该商品房的所有权，其要求万某限期腾房系依法行使自己的权利，理应得到法院的支持，万某的损失只能向祁某去主张。

预告登记制度

《民法典》规定了房屋等不动产买卖的预告登记制度，从而为买房人避免此类法律风险提供了法律依据。根据《民法典》第 221 条的规定，当事人签订房屋的协议后，为保障将来实现物权，可以向登记机构申请预告登记，这样即使因种种原因未能办理过户登记手续，也可以防止卖房人一房多卖，从而依法保护自己的合法权益。本案中，万某如果进行了预告登记，也可以避免祁某再次出售房屋的风险。

11 未办理过户登记的房屋赠与有效吗？

不动产物权的变动应当进行登记，这是物权公示原则的要求。依照我国法律的规定，不动产的转让一经办理登记手续，便发生所有权转移的法律后果，即未经登记的不动产物权变动，不发生物权之得失、变更的法律效力，但法律另有规定的除外。

· 案例回放

李某与王某于2002年结婚，于2004年购买160平方米的楼房一处，同年9月生育女儿王小某。2017年夫妻因性格不合离婚，协议约定王小某随其母亲李某生活并将婚后购买的楼房及其他家庭财产全部赠与王小某，房屋未办理产权过户登记。2022年11月，王某又与张某签订房地产买卖合同，将该楼房作价变卖给张某。王小某认为该房产已赠与给自己，父亲无权处分，父亲主张自己年事已高，没有生活来源，要卖房养老，双方发生纠纷，无法达成一致，遂诉至法院。

赠与财产权利的取得，不仅需要赠与人与受赠人意思表示的一致，还要求必须进行赠与财产的交付。赠与的财产是不动产的，应根据《民法典》第209条的规定办理物权转移登记方可生效。本案中，王小某的母亲李某与王某在协议离婚时，一起将婚后共同财产包括房产赠与女儿王小某，但一直未办理不动产权利转移登记，故该赠与合同并未实际履行。现王某以自己年事已高，无固定收入维持生活为由，主张已无能力再履行赠与合同，符合法律规定。但是，本案中，属王小某的母亲李某赠与王小某的份额，王某无权处置，王小某可在取得相关证据后另行主张权利。

租房不易

据报道，2009年年初，发生了一起由于出租人提供了存在安全隐患的房屋，导致承租人死于煤气中毒的事件。2008年，曾有一出租人将出租房屋天然气管道明管改暗管，导致其遇明火发生爆炸，致使承租人两死一重伤。据相关部门介绍，有关出租房非法改变房屋结构或过于简单粗糙装修等引发的煤气中毒、火灾、爆炸等事故近几年来屡见不鲜。

发生在出租房中的各种事故，让我们不得不开始正视出租房的装修及安全问题。据房屋中介公司和装修公司设计师介绍，很多买房就是用来出租的业主，明确要求给房子做最便宜最省事的装修，在装修过程中他们也极少“盯场”，就连最容易发生问题的隐蔽工程也毫不在意，只是称：“随便，能用就成”；而有的业主为了多赚些钱，甚至要求装修公司将本来就不大的房子隔成数间，这样做使空间密度变得过小，空气流通困难，很容易发生危险。

没错，买房出租是为了赚钱，但在赚钱的同时也应该重视出租房的装修质量和安全问题。

12 承租人发生意外，出租人承担责任吗？

作为房屋的所有人，在赚取合法利润的同时，房屋出租一定要合法合规，手续齐全，尽力消除隐患，经常善意维护，否则发生侵权事件也会遭受巨大损失。房屋出租人应当确保出租屋符合法定的安全标准，不能存在可能危及承租人人身、财产安全的隐患，如未通过消防验收、不符合规划设计等。如果出租人未履行这些法定义务导致损害结果发生，应当承担相应的赔偿责任。

13 出租方与承租方应注意哪些问题？

在房屋出租这个法律关系下，出租、承租双方为了最大限度地降低风险、维护权利，至少应该重视以下几点：

（1）出租方有义务保证所出租房屋的安全性。如果出租前，屋内有任何损坏，出租方必须及时修补，以保证其安全出租。

（2）承租方应合理使用出租房，如果在使用期间房屋出现问题，承租方有义务及时通知出租方进行修补。

（3）如果由于出租方非法改变房屋结构、天然气管道或故意不及时处理出租房发生的问题，导致承租方受伤或死亡的，出租方必须负相应的法律责任。

（4）如果由于承租方在租房过程中，对电器或其他用品使用不当而导致其受伤或死亡的，根据具体情况划分责任。如果与出租方无关，其将不会负法律责任。

消费者在租赁房屋之时，应对房屋的质量进行认真查看，避免在租住期间发生安全事故。

装修准备要充分

好不容易攒钱买了房子，现在就该急着进行房屋的室内装修了，只有经过装修，这个住房的问题才算得到真正的解决。可以这么说，买回来的新房只是一个四壁空空如也的钢筋水泥空间，我们能以这种建筑空间为家吗？当然不行。住房室内装修，就是要完成由冷冰冰的水泥空间向温馨舒适的家的转变。大到室内空间布局、房间分隔、色调选择，小到地板、窗帘、家具、装饰品的摆设，都会反映户主的个人审美偏好，最后都会直接影响整个居室的格调。那么，在装修过程中需要注意哪些法律问题呢？为了尽量避免出现纠纷之后施工人与户主之间的扯皮，签订房屋装修合同是非常必要的，并且合同内容应当尽量明确。

14 怎样选择装修公司？

在我们生活中可以经常看到，许多房子的户主通过各种途径找来装修人，仅仅凭几个简单的口头约定就开始对自己的房子进行装修，这其中隐藏着很大的法律风险。从法律上来说，这种装修合同的一方当事人是房屋的所有人，另一方应当是由建设行政主管部门审定具有装修施工资质，并且经工商行政管理机构核准登记为企业法人的组织。户主在决定由谁来完成装修之前，一定要仔细查看承包装修的企业是否满足上面的两个条件。如果对方没有装修资质，或者没有企业法人营业执照，那就千万不要贸然与对方签订合同。一旦发生纠纷，户主极有可能得不到应有的赔偿。要么到时候装修人一跑了之，跑了和尚也没有庙；要么装修人缺乏足够的经济上的赔偿能力，即使户主到时候上法院起诉并且拿到了法院的执行判决，最后也弥补不了自己所遭受的损失。

此外，现实中比较普遍地存在个体装修从业者，他们以个人为单位，对外承包装修。对于这种情况，户主应当要求对方出示身份证以及个体装修从业者上岗证书，并在签约时，将上述信息记录在合同文本中。

这种装修施工资质之所以重要，还因为它直接关系到将来户主入住后的健康和安全。住房装修是对房屋的内部结构进行布置，涉及施工人的技术能力问题；其间又会使用大量的装修材料，又涉及装修材料的质量问题。只有国家有关部门依法授予相应装修资格的单位，才更有可能避免出现涉及装修施工的技术问题和材料的质量问题，最大限度确保户主的利益。

15 装修施工内容及其方式有哪些?

装修施工合同的内容应当包括家庭居室装修的房间数量、面积，装修项目、方式、规格、质量及其验收方式，以及装修材料的供应及其质量、数量和验收标准等。家庭居室装修追求的是一个综合效果，因此涉及方方面面的合同内容。生活中经常在装修过程中出现施工方通过采用偷工减料、降低品质的办法来获取额外利润的情况，最终导致装修质量不合格，损害了广大业主的利益。针对这种情况，我们消费者在签订合同时，要尽量准确、细致地在合同中写明相关标准和要求。其中涉及不少数据，如房屋装修面积等，一定要在合同中仔细写清楚。

此外，还有一个十分常见的问题，就是装修工程的售后服务不能到位。特别是一些规模比较小的公司和所谓的“马路游击队”，对于在保修期中出现的问题，如竣工后空气指标不符合环保标准、卫生间防水层漏水等售后服务不能到位，让户主苦不堪言。对此，户主一定要事先选择有一定规模并且信誉较好的装修企业，并且在合同中明确约定售后服务条款，以及开工、竣工的确切时间。

16 如何防范装修价格欺诈？

目前我国家庭装修市场上的装修价格还十分混乱。国家对于装修价格的管理还不太完善，没有统一的报价标准。于是，一部分装修企业就打着免费设计、分解报价、附赠等旗号对许多户主进行价格欺诈。户主应该如何防范这些问题呢？首先，在签订装修合同之前，货比三家，打听一下房屋所在地一般家庭装修的市场价格，这样心里有个底，不至于让装修人漫天要价。其次，在签订合同时，一定要明确装修项目和每一项装修项目的单项报价以及装修材料的价格。防止有的装修施工人在施工过程中私自增加装修项目，或者提高某项装修项目的单项报价，坑害户主利益。

17 装修时如何处理与邻居的关系？

在进行房屋装修时，装修时的噪音污染、尘土污染、装修垃圾等对周围邻居的影响确实是难以避免的，但是我们应当将这种影响降低到最小限度。比如，不要在夜间以及邻居午休时进行作业，及时将装修过程中产生的废弃物清理干净，保持公共楼道卫生整洁。在国外，因为家里房子装修而被邻居告上法庭的事也时有发生，邻居认为被告侵害了个人生活的安宁，应当赔偿。在我国，《民法典》第288条至第296条规定，不动产的相邻权利人应当按照有利生产、方便生活、团结互助、公平合理的原则，正确处理相邻关系。对于相邻权利人因用水、排水、通行、修缮、铺设管线、通风、采光等需要提供必要的便利。不动产权利人因用水、排水、通行、铺设管线等利用相邻不动产的，应当尽量避免对相邻的不动产权利人造成损害。

总之，在决定进行家庭装修的时候，不能忽视眼前的法律问题。而签订一个内容全面的合同，就能最大限度地保护您的切身利益，确保您的家居美丽怡人。所以，我们建议您尽量使用由各地有关职能部门所制定的标准装修合同文本，此类合同中许多规定都体现了对消费者权益的保护，有它在手，您很大程度上就可以放心了。

左邻右里，亦有法依

中国有句古话，叫作远亲不如近邻。确实，邻里之间，抬头不见低头见，帮忙看一下小孩、收一下晾在院子里的衣服，这些事情都是常有的。虽然现在住在大杂院里的人越来越少，高层建筑越来越多，甚至一户一梯的楼盘受到热捧，但只要你住在小区里，仍会有或多或少的邻居，有很多事，你也不得不和你的邻居们打交道。因此，如何处理邻里之间的关系，遇到纠纷如何用法律手段保护自己的合法权益，就成了作为小区住户的必修课。

18 处理邻里关系有何基本准则？

我国《民法典》第288条规定："不动产的相邻权利人应当按照有利生产、方便生活、团结互助、公平合理的原则，正确处理相邻关系。"这一针对不动产（包括土地和房屋）的规定自然适用于住在同一大厦拥有各自单元的住户之间。

19 可以随意使用自己的住宅吗？

· 案例回放

某甲和某乙住在同一栋楼同一单元的上下层。为了防盗，某乙在其阳台及窗户部分安装了外置式的防盗网，某甲见状后便要求某乙拆除，被某乙以在自己房子上装防盗网为由予以拒绝。某日，小偷沿着某乙所安装的防盗网，爬入某甲家行窃，造成经济损失1.2万元。某甲要求某乙承担损害赔偿责任。原则上，小区的住户是自己房屋的所有人，可以按照自己的需要对专属于自己的部分进行利用，包括进行加固或安设防护设施。因此，为了自家的防盗需要，某乙有权安装外置式防盗网。但是，相邻的住户之间存在着安全防范的义务，本案中某乙安装外置式防盗网客观上给邻居某甲带来了不安全因素。在处理这类案件时，法院一般是从认定防护设施的安装与邻居被盗是否存在因果关系的角度来认定某乙是否应该承担责任。就本案而言，小偷的偷盗行为是财产损失的直接原因，但某乙安装的外置式防盗网便利了小偷的行为，法院也完全可以判决某乙承担一定的赔偿责任。目前，许多地方都发生过类似的案件，法院的判决尚未形成统一的规则。

不得危害其他住户的正当利益，是小区住户使用自己住宅时的基本要求。除了上述案例中提到的情况，为改变住房结构、扩大住房面积而私拆承重墙、破坏房屋整体的稳定性，也是日常生活中经常遇到的情况。对于这种危害建筑物安全的行为，其他住户可以违反共同利益为由，要求停止；物业管理者或管理委员会也可以要求其停止此等行为。

20 怎样给予邻居必要的便利？

日常生活中，总免不了发生一些小意外：把自己关在门外而钥匙在屋里，能通过邻居家的阳台爬到自家的阳台；衣服被风吹到了一楼的院子里；管线安装出了问题，需要进入楼下的住户家进行必要的维修……此时，作为邻居的你，对于这些合情合理的要求，想必都会予以允许。

住户为了保存、修缮、进入或以其他合理方式使用其专有部分，在一定限度内，可以请求使用其他住户的专有部分，被请求的人应给予便利，没有正当理由不得拒绝。但请求使用的一方应尽量在不影响其他人的时间和以不影响其他人的方式进行。因使用而致使邻居住宅损害的，应予以补偿或赔偿。

物业与业主的博弈

身为小区的住户，除了要与您的邻居打交道之外，还免不了与物业管理人员有所接触。对于现在的城市居民而言，物业管理水平的优劣和费用的高低，也日益成为购买商品房时一个不得不考虑的因素。当下，一些中高档小区的物业管理费已经收到了 2~3 元 / 平方米，一户 120 平方米的单元房光每个月的物业费就要交纳两三百元，一个小区那么多住户，物业费实在是一笔不小的数目。这些钱到底花到哪里去了？“价高”是否“质优”？业主除了拒缴物业费之外还有什么方法来对抗物业公司侵害业主利益的行为？身为住户，理应对自己的权利和保障该权利的途径有所了解。

21 物业管理费由哪几部分构成？

物业费到底是交来干什么的？业主的钱都花到哪里去了？这恐怕是业主们最关心的问题。《物业管理条例》第 40 条规定：“物业服务收费应当遵循合理、公开以及费用与服务水平相适应的原则，区别不同物业的性质和特点，由业主和物业管理企业按照国务院价格主管部门会同国务院建设行政主管部门制定的物业服务收费办法，在物业服务合同中约定。”该法第 43 条又规定：“物业管理企业可以根据业主的委托提供物业服务合同约定以外的服务项目，服务报酬由双方约定。”

可见，物业管理服务收费分公共性服务收费和特约服务收费，其中公共性服务收费标准需要申报审批，特约服务收费标准由物业管理公司与住户协商议定。

公共性服务收费项目的内容主要包括：

（1）清洁卫生管理。小区或大厦公共场所和共用部位的卫生清扫、垃圾清运以及经常性的保洁。

（2）绿化物日常维护管理。对绿化物进行修枝整形、浇水、施肥、治虫，保持绿化物生长良好。

（3）治安管理。设安全保卫人员对小区或大厦进行安全防范和治安管理工作。

（4）共用蓄水池的维护管理。共用蓄水池定期清洗、消毒，保证饮用水符合卫生质量标准。

（5）水电管理。对业主共用的供电供水管线设施进行日常养护维修，保证正常运行。

（6）排污设施管理。清理和维修业主共用的排水排污下水管道、化粪池，确保正常使用。

（7）道路维修管理。对小区内的小区级道路（不含市政道路）进行日常养护维修，保持道路良好。

（8）房屋共用部位的日常养护维修。对房屋屋顶、外墙面、楼道等共用部位进行日常养护维修，保持完好。

（9）高层楼宇增设的服务项目。配备专职电梯管理人员，搞好电梯维护、保养，保证电梯正常使用。

（10）根据需要增设的其他服务项目。

房屋共用部位、共用设备和设施的更新改造和大、中维修工程费用从按规定建立的专项维修基金中列支，不包括在公共服务收费项目内。

物业管理专项服务收费也叫特约服务收费，实行明码标价，并坚持自愿原则。不得强行服务收费，其收费标准由双方协商确定。

22 由谁来交纳物业管理费？

《物业管理条例》第 41 条规定："业主应当根据物业服务合同的约定交纳物业服务费用。业主与物业使用人约定由物业使用人交纳物业服务费用的，从其约定，业主负连带交纳责任。已竣工但尚未出售或者尚未交给物业买受人的物业，物业服务费用由建设单位交纳。"由此可见，在物业出售并交付后，物业管理费应由业主交纳；之前则由开发商交纳。业主如果将物业出租的，可以在租赁合同中自由约定物业管理费由业主或承租人交纳；如约定由承租人交纳的，则承租人拒交时，物业管理者可以要求业主交纳。

23 业主有何办法来对抗不负责任的物业管理者？

· 案例回放

某物业以李某拖欠物业费为由，将其告上法庭。第一次与物业对质法庭时，李某甚至做出了手拿人民币现身法庭的惊人举动。她表示，不是没钱交，也不是不想交，但是物业没有经过合法程序就进入小区强行管理，是违法行为，不能把钱交给这样的物业公司。2008年6月，物业撤诉。但2008年10月18日，物业再次以同样的理由对李某提出诉讼。2008年11月2日，法院对物业起诉李某拖欠物业费一案作出判决，责令李某补交物业费及赔偿延期付款损失，李某一审败诉。在实际生活中，业主不满意物业管理者提供的服务，往往像李某一样，采取拒交或者拖欠物业管理费的方式来对抗。但这种情况被诉至法院，败诉的往往是业主，因为业主有交纳物业管理费的义务，而对物业管理者提供的服务不满，则可以通过法律规定的途径来加以救济。

《民法典》第277条规定，业主可以设立业主大会，选举业主委员会。《物业管理条例》规定，物业管理区域内全体业主组成业主大会，一个物业管理区域成立一个业主大会。《民法典》第278条规定："下列事项由业主共同决定：（一）制定和修改业主大会议事规则；（二）制定和修改管理规约；（三）选举业主委员会或者更换业主委员会成员；（四）选聘和解聘物业服务企业或者其他管理人；（五）使用建筑物及其附属设施的维修资金；（六）筹集建筑物及其附属设施的维修资金；（七）改建、重建建筑物及其附属设施；（八）改变共有部分的用途或者利用共有部分从事经营活动；（九）有关共有和共同管理权利的其他重大事项。业主共同决定事项，应当由专有部分面积占比三分之二以上的业主且人数占比三分之二以上的业主参与表决。决定前款第六项至第八项规定的事项，应当经参与表决专有部分面积四分之三以上的业主且参与表决人数四分之三以上的业主同意。决定前款其他事项，应当经参与表决专有部分面积过半数的业主且参与表决人数过半数的业主同意。"从法条的明确规定可以看出，只要参与表决人数及同意人数均达到法定比例，业主大会就可以解聘不称职的物业管理公司。业主大会对于物业管理者有选择权，可以随时行使权利炒物业管理公司的鱿鱼。

24 小区停车位属于谁？

· 案例回放

开发商是否可以仅仅采用出售方式转让车库、车位？2021年12月，业主王某发现小区公示牌上张贴了一张告示，通知小区地下车库于2022年1月1日起启用。随即，王某就与小区开发商联系租用地下车库、车位等事宜。但是，被告知小区的地下车位只卖不租，并需要按月交纳管理费。因王某买房时与开发商签订的补充协议中约定，王某不购买地下车库中的车位。现在王某的车将不能停到地下车库。他认为，地下车库是小区公用设施的一部分，应当为全体业主共有，开发商无权出售车位，地下车位只卖不租的做法严重侵害了业主的合法权益，因此提起诉讼要求开发商为自己提供车位。依据《民法典》第275条第1款的规定，建筑区划内，规划用于停放汽车的车位、车库的归属，由当事人通过出售、附赠或者出租等方式约定。因此，本案中，被告开发商通过出售的方式约定小区地下车库车位的归属是符合法律规定的。并且，在双方签订的补充协议中，原告王某明确表示不购买小区地下车库的车位，因此王某的诉讼请求没有法律依据。

建筑区划内的车位、车库就其功能而言是为了满足建筑物所有人停车需要而设，因此其应首先满足业主的需要，但这种需要是一种自用的需要而不是经营的需要。业主可以通过买卖合同、赠予合同取得车位所有权，也可以通过租赁合同取得对出租人的债权而使用车位。但是，占用业主共有的道路或者其他场地用于停放汽车的车位，属于业主共有。属于业主共有的停车位，任何业主都有占有、使用、收益和处分的权利，其具体使用方案可以由共有权人共同决定。

25 维修基金要公布吗？

· 案例回放

业主怎样知道维修资金的使用情况？周某称，其在办理房产证时，缴纳了总房款2%的维修资金，但现在几年过去了，听说一些业主已经申请动用维修资金。但具体小区维修资金使用情况如何，还剩多少，他毫不知情。根据《民法典》第281条第1款的规定，建筑物及其附属设施的维修资金，属于业主共有。经业主共同决定，可以用于电梯、屋顶、外墙、无障碍设施等共有部分的维修、更新和改造。建筑物及其附属设施的维修资金的筹集、使用情况应当定期公布。

维修资金，也称“专项维修基金”，是指根据法律规定建立的专门用于住宅共用部分、共用设施设备保修期满后的维修、更新和改造的资金。所谓共用部分，是指住宅主体承重结构部分（包括基础、内外承重墙体、柱、梁、楼板、屋顶等）、户外墙面、门厅、楼梯间、走廊通道等。共用设施设备是指住宅小区或单幢住宅内，建设费用已分摊进入住房销售价格的共用的上下水管道、落水管、水箱、加压水泵、电梯、天线、供电线路、照明、锅炉、暖气线路、煤气线路、消防设施、绿地、道路、路灯、沟渠、池、井、非经营性车场车库、公益性文体设施和共用设施设备使用的房屋等。所谓大修，是对共用部分、共用设备设施的大规模的维修。所谓更新和改造，是对共用部分、共用设备设施中坏旧部分的更换，以使其保持正常的使用或者不断提高其使用效能或使其具有新的效能。

维修资金的所有权属于业主，但并不意味着业主个人可以随意支配维修资金。维修资金制度是基于全体业主的公共利益而确立的制度，有关维修资金的收取、使用、管理等必须符合国家有关规定。此外，维修资金筹集、使用情况应当公布。这主要是为了便利业主对维修资金筹集和使用情况的监督管理。

26 业主有权更换物业吗？

物业管理企业的物业管理权来源于业主的授权，这种授权主要是通过物业服务合同实现的。我国《民法典》首次对物业服务合同进行规定，将其作为典型合同之一纳入法律规范。《民法典》第284条第2款规定，对建设单位聘请的物业服务企业或者其他管理人，业主有权依法更换。这主要是因为业主是小区的权利人，而建设单位为小区选定的物业公司不一定能够充分代表业主的利益。

· 案例回放

由于不满物业公司的服务，某小区新一届业主委员会要求解聘现任物业管理有限公司，重新聘请物业公司。但是，小区内新旧两届业主委员会同时并存，且持不同意见。面对这种情况，有关部门要求业主委员会立即停止工作，重新选举，由选出的新业主委员会选聘物业公司。而物业公司在合同到期的情况下，只好等待新业主委员会的决定。

目前，开发商在建设小区时，一般自行选定前期物业管理公司，在业主大会召开和业主委员会成立之前，负责小区的管理工作，一些前期物业管理公司就是开发商的下属单位，一旦其管理水平不能让业主满意，业主想炒掉开发商聘请的物业公司时，往往困难重重。《民法典》第284条的规定，为业主维护小区居民的共同权益提供了法律支持。因此，本案中，业主解聘开发商指定的物业公司，如果符合《民法典》规定的程序和业主比例的，物业公司无权反对。

27 "物业服务合同"知多少?

我国《民法典》出台之前，《合同法》并未对物业服务合同专门规定，而《民法典》首次将物业管理合同作为典型合同加以规范，对于物业服务合同的订立、新旧物业服务合同的关系、物业服务的内容、物业服务人的信息公开和报告义务、业主的主要义务、物业服务的交接等作出明确规定。

根据《民法典》的规定，物业服务合同是物业服务人在物业服务区域内，为业主提供建筑物及其附属设施的维修养护、环境卫生和相关秩序的管理维护等物业服务，业主支付物业费的合同。物业服务人包括物业服务企业和其他管理人。

物业服务合同的内容一般包括服务事项、服务质量、服务费用的标准和收取办法、维修资金的使用、服务用房的管理和使用、服务期限、服务交接等条款。

物业服务人公开作出的有利于业主的服务承诺，为物业服务合同的组成部分。物业服务合同应当采用书面形式。建设单位依法与物业服务人订立的前期物业服务合同，以及业主委员会与业主大会依法选聘的物业服务人订立的物业服务合同，对业主具有法律约束力。

建设单位依法与物业服务人订立的前期物业服务合同约定的服务期限届满前，业主委员会或者业主与新物业服务人订立的物业服务合同生效的，前期物业服务合同终止。

物业服务人将物业服务区域内的部分专项服务事项委托给专业性服务组织或者其他第三人的，应当就该部分专项服务事项向业主负责。物业服务人不得将其应当提供的全部物业服务转委托给第三人，或者将全部物业服务支解后分别转委托给第三人。

物业服务人应当按照约定和物业的使用性质，妥善维修、养护、清洁、绿化和经营管理物业服务区域内的业主共有部分，维护物业服务区域内的基本秩序，采取合理措施保护业主的人身、财产安全。对物业服务区域内违反有关治安、环保、消防等法律法规的行为，物业服务人应当及时采取合理措施制止、向有关行政主管部门报告并协助处理。物业服务人应当定期将服务的事项、负责人员、质量要求、收费项目、收费标准、履行情况，以及维修资金使用情况、业主共有部分的经营与收益情况等以合理方式向业主公开并向业主大会、业主委员会报告。

业主应当按照约定向物业服务人支付物业费。物业服务人已经按照约定和有关规定提供服务的，业主不得以未接受或者无须接受相关物业服务为由拒绝支付物业费。业主违反约定逾期不支付物业费的，物业服务人可以催告其在合理期限内支付；合理期限届满仍不支付的，物业服务人可以提起诉讼或者申请仲裁。物业服务人不得采取停止供电、供水、供热、供燃气等方式催交物业费。业主装饰装修房屋的，应当事先告知物业服务人，遵守物业服务人提示的合理注意事项，并配合其进行必要的现场检查。业主转让、出租物业专有部分、设立居住权或者依法改变共有部分用途的，应当及时将相关情况告知物业服务人。

业主依照法定程序共同决定解聘物业服务人的，可以解除物业服务合同。决定解聘的，应当提前六十日书面通知物业服务人，但是合同对通知期限另有约定的除外。依据前款规定解除合同造成物业服务人损失的，除不可归责于业主的事由外，业主应当赔偿损失。物业服务期限届满前，业主依法共同决定续聘的，应当与原物业服务人在合同期限届满前续订物业服务合同。

物业服务期限届满前，物业服务人不同意续聘的，应当在合同期限届满前九十日内书面通知业主或者业主委员会，但是合同对通知期限另有约定的除外。物业服务期限届满后，业主没有依法作出续聘或者另聘物业服务人的决定，物业服务人继续提供物业服务的，原物业服务合同继续有效，但是服务期限为不定期。

当事人可以随时解除不定期物业服务合同，但是应当提前六十日书面通知对方。物业服务合同终止的，原物业服务人应当在约定期限或者合理期限内退出物业服务区域，将物业服务用房、相关设施、物业服务所必需的相关资料等交还给业主委员会、决定自行管理的业主或者其指定的人，配合新物业服务人做好交接工作，并如实告知物业的使用和管理状况。原物业服务人违反前款规定的，不得请求业主支付物业服务合同终止后的物业费；造成业主损失的，应当赔偿损失。

物业服务合同终止后，在业主或者业主大会选聘的新物业服务人或者决定自行管理的业主接管之前，原物业服务人应当继续处理物业服务事项，并可以请求业主支付该期间的物业费。

买车三部曲

·案例回放

张先生是一位中学教师，他想在不超过10万元的基础上买一辆新车。他对车辆的要求就是维修便宜，不追求车辆的时尚外观，希望车辆越经典越好。但是，在他选择好一辆自己十分满意的汽车后，却对如何上牌上路充满了疑惑，因此也就索性没有上牌。直到有一天，警察将其拦下，对其进行处罚后。他才明白，汽车也是需要户口的。汽车已经成为我们日常生活中一项不可忽视的产品，而且逐步走入每个家庭。买车已经成为老百姓茶余饭后交流的一个主要话题。那么，针对汽车相关的法律政策，您又有多少了解呢？让我们一一为您解答。

28 购车前应做哪些准备？

购车前，自然是对自己所选购的车型进行比较切实的分析，结合自身使用环境和经济实力选择一款适合的车辆，并选择一家信誉较好的车行，以便于以后的维修和保养。此外，还需要特别注意当地对车辆的限制和排放要求。例如，北京目前已经实行国家第六阶段机动车污染物排放标准，因此当您所选购的车辆没有达到该标准时，是不能在北京上牌的。

就汽车本身而言，我们需要注意三个地方：第一，避免遇到出厂就存在的外观瑕疵及质量问题。第二，防止汽车因库存、积压、运输而导致的损伤。第三，防止买到经过改造翻新的旧车。检查应在光线较好的地方进行，这样可以看得清楚。因此，购车时一定要睁大眼睛，防止挂一漏万。

29 购车中会遇到哪些问题？

根据《道路交通安全法》第 8 条的规定："国家对机动车实行登记制度。机动车经公安机关交通管理部门登记后，方可上道路行驶。尚未登记的机动车，需要临时上道路行驶的，应当取得临时通行牌证。"买车后需要给汽车上牌登记，我们梳理了以下规范供读者参考：

《道路交通安全法》第 8 条规定，国家对机动车实行登记制度。机动车经公安机关交通管理部门登记后，方可上道路行驶。尚未登记的机动车，需要临时上道路行驶的，应当取得临时通行牌证。第 9 条第 1 款、第 2 款规定，申请机动车登记，应当提交以下证明、凭证：（一）机动车所有人的身份证明；（二）机动车来历证明；（三）机动车整车出厂合格证明或者进口机动车进口凭证；（四）车辆购置税的完税证明或者免税凭证；（五）法律、行政法规规定应当在机动车登记时提交机关交通管理部门应当自受理申请之日起五个工作日内完成机动车登记审查工作，对符合前款规定条件的，应当发放机动车登记证书、号牌和行驶证；对不符合前款规定条件的，应当向申请人说明不予登记的理由。

《中华人民共和国道路交通安全法实施条例》第5条第1款规定："初次申领机动车号牌、行驶证的，应当向机动车所有人住所地的公安机关交通管理部门申请注册登记。"

《机动车登记规定》第10条规定："初次申领机动车号牌、行驶证的，机动车所有人应当向住所地的车辆管理所申请注册登记。"第11条规定："机动车所有人应当到机动车安全技术检验机构对机动车进行安全技术检验，取得机动车安全技术检验合格证明后申请注册登记。但经海关进口的机动车和国务院机动车产品主管部门认定免予安全技术检验的机动车除外。免予安全技术检验的机动车有下列情形之一的，应当进行安全技术检验：（一）国产机动车出厂后两年内未申请注册登记的；（二）经海关进口的机动车进口后两年内未申请注册登记的；（三）申请注册登记前发生交通事故的。专用校车办理注册登记前，应当按照专用校车国家安全技术标准进行安全技术检验。"第12条规定："申请注册登记的，机动车所有人应当交验机动车，确认申请信息，并提交以下证明、凭证：（一）机动车所有人的身份证明；（二）购车发票等机动车来历证明；（三）机动车整车出厂合格证明或者进口机动车进口凭证;（四）机动车交通事故责任强制保险凭证;（五）车辆购置税、车船税完税证明或者免税凭证，但法律规定不属于征收范围的除外;（六）法律、行政法规规定应当在机动车注册登记时提交的其他证明、凭证。不属于经海关进口的机动车和国务院机动车产品主管部门规定免予安全技术检验的机动车，还应当提交机动车安全技术检验合格证明。车辆管理所应当自受理申请之日起二日内，查验机动车，采集、核对车辆识别代号拓印膜或者电子资料，审查提交的证明、凭证，核发机动车登记证书、号牌、行驶证和检验合格标志。机动车安全技术检验、税务、保险等信息实现与有关部门或者机构联网核查的，申请人免予提交相关证明、凭证，车辆管理所核对相关电子信息。”第 14 条规定:“车辆管理所实现与机动车制造厂新车出厂查验信息联网的，机动车所有人申请小型、微型非营运载客汽车注册登记时，免予交验机动车。车辆管理所应当会同有关部门在具备条件的摩托车销售企业推行摩托车带牌销售，方便机动车所有人购置车辆、投保保险、缴纳税款、注册登记一站式办理。”第 15 条规定:“有下列情形之一的，不予办理注册登记:（一）机动车所有人提交的证明、凭证无效的;（二）机动车来历证明被涂改或者机动车来历证明记载的机动车所有人与身份证明不符的;（三）机动车所有人提交的证明、凭证与机动车不符的;（四）机动车未经国务院机动车产品主管部门许可生产或者未经国家进口机动车主管部门许可进口的;（五）机动车的型号或者有关技术参数与国务院机动车产品主管部门公告不符的;（六）机动车的车辆识别代号或者有关技术参数不符合国家安全技术标准的;

（七）机动车达到国家规定的强制报废标准的；（八）机动车被监察机关、人民法院、人民检察院、行政执法部门依法查封、扣押的；（九）机动车属于被盗抢骗的；（十）其他不符合法律、行政法规规定的情形。”

30 购车后要变更登记吗？

汽车因价值超过一般的动产，在法律上被视为一种准不动产，其物权变动应当以登记为公示方法（购买新车除外）。法律对汽车规定有登记制度，其物权的变动如果未在登记部门进行登记，就不产生社会公信力，不能对抗善意第三人。

· 案例回放

2020年12月8日，刘某购买冯某的二手轿车一辆，双方签订购车协议，约定："冯某将轿车卖给刘某，此车无任何纠纷。价格为3万元，车款一次性付清，该车归刘某所有。"刘某付款购车后，配置了部分装备，双方没有办理过户手续。2021年11月23日，刘某驾驶该车（所挂车牌号原牌号）到经销部购买汽车空调配件，价值3000元，该部经理带刘某到某安装部进行安装。当日下午四点，刘某到安装部提取安装好空调的汽车，支付安装费及其他费用600元。当日晚十时许，刘某在驾车途中因空调泵线圈短路引起电源线起火造成火灾，该车全部被烧毁。经有关部门认定经销部作为汽车空调提供者对火灾负有间接责任，核定火灾直接损失33600元。刘某要求经销部和安装部赔偿损失33600元，两个部门不同意赔偿以致提起诉讼。

从表面上来看，本案是一起简单的财物损坏赔偿案，实际上本案牵扯到物权变动的合法性问题，是一个较为复杂的法律问题。根据《民法典》第224条、第225条的规定，车辆作为动产并无法律明文规定必须以登记过户作为物权变动的条件，因此，本案中，轿车自交付时发生物权变动的效力，即刘某取得了轿车的所有权，但是不得对抗善意第三人。本案中，造成汽车损害的两被告是侵权人，他们不是民法意义上的善意第三人，因此，刘某作为轿车的实际支配者有权请求两被告给付赔偿。

旅游中的自我保护

旅游是一项综合性的活动，涉及交通、住宿、饮食、商业、金融、娱乐等多种行业，消费者在享受旅游乐趣的同时，其合法权益受到损害的事例近年来时有发生。某省消费者协会在对消费者的投诉进行分析后认为，旅游者的合法权益受到损害，除有的旅行社运作不够规范外，也与旅游者缺乏自我保护意识有关。

游客的合法权益受到侵害，很多时候与其不知道自己享有哪些权利密切相关。有些旅游者在没有弄清旅游合同内容的情况下，就草率地签订合同，当发生纠纷时才如梦方醒，发现合同中原来设有陷阱。因此，为了您旅游的顺利舒心，应当具备一定的自我保护意识和法律知识，应当知道自己在旅游中依法享有哪些权利，以及在自己的合法权益受到侵害时，如何寻求救济。

31 怎样选择旅行社？

如果您选择跟团出游，那么从目前形形色色的旅行社中挑选一个信誉可靠的自然是头等大事。从目前全国的旅行社总体服务状况来看，基本上在不断进步，但是也存在着欺客、宰客的现象。比如，拒不提供旅游合同中承诺的旅游服务项目，在旅行中向游客额外收取其他不合理的费用，实际游览的景点远远少于最初承诺等。一般而言，选择规模较大、实力较强的旅行社会比较明智。如果您是出国旅游，那么就必须找信誉好、资质雄厚的旅行社，而且必须聘请精通外语和国外相关法律的导游。这样，一旦发生纠纷，可由导游出面同外方人员交涉，以外方通行的、认可的方式解决纠纷。

在与旅行社签订旅游合同过程中，游客应当注意的是：在路线和价格上，不能只看价廉，忽视所包含的内容和提供服务的质量标准；在时间和交通上，要防止晚出早归，时间缩水；在吃、住的档次及标准上，要问清楚包几顿饭，标准如何，搞清楚普通房、标准房还是星级房，是否明码标价等。搞清楚这些问题，并将旅行社的相关口头承诺以书面形式确定，详细记载于合同中，是将来一旦发生纠纷时保护自己的最佳方式。

32 为什么要保管好乘车车票？

旅游出行，少不了要坐车坐飞机。您是否注意过保管好手里的车票呢？可别小看了这小小的一张车票，它的作用可比您想象的大得多。从法律上来看，车票是旅客运输合同的凭证。它是乘客据以要求承运人将自己安全运输到目的地的法律凭证。如果乘车途中没有发生任何意外，那么它当然就发挥不了作用。但是一旦在乘车途中发生交通意外，那它的作用可就马上显示出来了。比如，您乘坐的汽车被他人的汽车撞到，致使您在车上受伤。这个时候，您可以以手中的这张车票为证据，选择向汽车的营运人或者肇事的司机要求民事赔偿。

33 出行有必要办保险吗?

所谓月有阴晴圆缺，人有旦夕祸福。保险，如今正被越来越多的人接受。购买保险应当根据您的实际需要，您应当先了解自身的风险和特征，再根据实际情况选择个人所需的风险保障。如果有任何疑问，都可以要求保险公司销售人员或者保险代理人进行解释。旅游出行，一般涉及的是人身安全保险，当然，如果您是自驾车出游，或者是出行随身携带了比较贵重的物品，也可以选择办理财产保险。假如您是跟团出游，一般旅行社会为旅游团的所有游客统一购买保险。在这种情况下，您应当及时向旅行社要求交付旅行社为您个人所办保险的保险单。如果您决定自己买保险，那么就要仔细选择保险公司，了解各公司提供服务的内容及信誉程度。如果通过保险代理人时，应选择有专业能力并与保险公司有合法代理关系的代理人。此外，还应当了解相关保险条款中涉及赔偿责任和权利义务的部分，防止个别保险代理人片面夸大某保险险种的保障功能或不适当地预先免除己方的责任。

34 如何应对旅游过程中发生的纠纷?

可以说，旅游的过程既是人与自然进行沟通的过程，也是人与人之间容易发生接触、摩擦甚至矛盾、纠纷的过程。这些矛盾、纠纷主要发生在游客与游客之间、游客与旅行社之间以及游客与旅游景点当地居民或经营者之间。当然，如果能和和气气、平平安安地享受到旅游所带给您的乐趣与满足是最好不过的，但是万一在旅游过程中与他人发生纠纷，我们作为游客应该如何应对呢?

第一，尽量避免争执，防止事态恶化。

第二，避免落单，寻找安全的场所躲避，同时尽快联系当地公安机关。

第三，出行前尽量充分了解景区当地的特殊民俗习惯，避免到时无意的冒犯，造成严重后果。比如，您去国外旅游，就应当知道其他国家警察与中国警察的执法方式的不同。例如，在中国如果开车违章，一般是司机靠路边停车，然后拿着有关证件走到警察跟前。而在某些国家，司机在靠路边停下后不能动，必须要等警察来到跟前。如果像在国内一样把车停下走向警察，或者两手在包里翻找有关证件，在这种情况下警察可能会怀疑要对他进行袭击，他甚至可以开枪。

第四，如果您是自驾车出游，不巧在道路上发生交通事故，那么您应当立即停车，保护现场。如果造成他人人身伤亡的，您应当立即抢救受伤人员，并迅速报告公安机关、交通管理部门。如果没有造成人身伤亡，那么就可以与对方自行协商损害赔偿事宜。

最后提醒您，在您快乐出游时，身上不可携带大量现金，以防遭贼遇盗。如果遇到权益受损害的情况，可以拨打“12315”向当地工商部门和消费者协会申诉、投诉，依法维护自身的合法权益。

35 导游变“导购”，消费者如何保护自己的权益？

·案例回放

王先生随团到南京旅游，参观完某景点后，被导游带到附近的一家商店。这家商店的老板称，全场商品打折促销。王先生很高兴地购买了一块鸡血玉貔貅和几条白金镶宝石手链，总价几万元。可是，出乎他意料的是，回到家乡，经过鉴定，所购商品竟然均是假货。王先生十分气愤，于是向南京12315消费投诉举报中心反映，要求商家退还货款。

（1）导游导购违反《反不正当竞争法》的规定，属于商业贿赂

我国《反不正当竞争法》第7条规定：“经营者不得采用财物或者其他手段贿赂下列单位或者个人，以谋取交易机会或者竞争优势：（一）交易相对方的工作人员；（二）受交易相对方委托办理相关事务

的单位或者个人;（三）利用职权或者影响力影响交易的单位或者个人。经营者在交易活动中，可以以明示方式向交易相对方支付折扣，或者向中间人支付佣金。经营者向交易相对方支付折扣、向中间人支付佣金的，应当如实入账。接受折扣、佣金的经营者也应当如实入账。经营者的工作人员进行贿赂的，应当认定为经营者的行为；但是，经营者有证据证明该工作人员的行为与为经营者谋取交易机会或者竞争优势无关的除外。”近年来，伴随着旅游业的迅速发展，导游引诱游客多处购物、收取高额回扣的现象屡屡曝光，在社会上引起了很大反响。实际上，导游擅自改变行程，增加自费游览项目，频繁安排购物，收取回扣早已成为旅游业的“潜规则”，受骗的旅客怨声载道。

那么导游为什么要这样做呢？究其深层次的原因，还是利益所致。目前我国旅游业的发展还不十分健全，许多社会导游和旅行社之间并没有劳动合同关系，而是一种类似于承包、承揽的关系，旅行社给导游的薪酬一般比较低，所以导游与景点商店之间便达成一种“默契”：导游收取景点商店的高额回扣，把顾客带到景点商店进行消费。显然，导游这种收取回扣的行为违反了《反不正当竞争法》关于禁止商业贿赂的上述规定。

（2）导游导购侵犯游客的知情权和自主选择权

导游收取回扣而导购的另一面，对作为游客的消费者来说，即知情权和自主选择权的被侵犯。游客与旅行社之间订立旅游合同，其目的在于感受旅游的快乐，购买旅行纪念品虽然也是大多数游客所需，但毕竟不是旅游的主要内容。而实践中，导游引诱游客多处购物，甚至购物反成“主题”、景点成了“点缀”，导游欺瞒游客到既定的景点商店购物，本身就存在对游客知情权的侵犯。而且许多导游在游客不愿购物的时候，就立马拉下脸，讥讽游客小气吝啬，甚至全程不给游客好脸色。游客不想破坏自己出来旅游的好心情，无奈之下也只好掏腰包。更有甚者，曾经出现导游强制游客购物满一定数额，否则不许回程的情况。这种强制游客消费的行为无疑侵犯了游客对是否购物的自主选择权，难免带有强制消费的意味。

（3）景点商店的销售行为涉嫌欺诈

许多游客在旅行中都遇到自称游客老乡的景点商店老板，并在老板的热情招待下以很低的折扣购买了商店的商品，回去以后才发现所购的全是假货。而这其中有很多游客因为路程遥远或者没有保存收据、发票等只能自认倒霉，感到难以维护自己的合法权益。事实上，景点商店这种以假充真、以次充好的销售行为，无疑构成对游客的欺诈，受害方可以要求人民法院变更或者撤销，或者适用《消费者权益保护法》第55条第1款的规定：“经营者提供商品或者服务有欺诈行为的，应当按照消费者的要求增加赔偿其受到的损失，增加赔偿的金额为消费者购买商品的价款或者接受服务的费用的三倍；增加赔偿的金额不足五百元的，为五百元。法律另有规定的，依照其规定。”这里需要提醒广大游客的是，作为合法维权的前提，游客在景点商店购买商品或接受服务后一定要妥善保管发票和收据，否则极有可能因为店老板的“赖账”而无法实现对自己权益的维护。

导游收取回扣的导购行为，是违法的商业贿赂行为，构成犯罪的要追究刑事责任，不构成犯罪的有关监督检查部门可予以查处。游客若购物受骗，应注意保存购物发票、收据等以备日后的合法维权。

公司经营与投资理财篇

财产是我们生活的物质保障，投资理财也是一个人的基本生活能力，我们每个人都应该懂得如何保护和利用财产，如开办企业、储蓄存款、购买保险、借贷、利用财产抵押等。出色的理财能力不但能为自己创造更多的财富，也能为社会发展做出贡献，但是这种投资理财能力不是先天具备的，而是通过我们后天的学习培养出来的，因此，了解一定的投资理财方面的相关法律知识是相当必要的。

开办合伙企业法律指南

俗话说，一个和尚挑水喝，两个和尚抬水喝，三个和尚没水喝。说的是人多不一定能办好事。又有一俗语，叫作“三个臭皮匠，顶个诸葛亮”。又说人多总比人少好。对一个梦想自己创业、白手起家、享受成功快乐的人来说，寻找几个志同道合的合作伙伴一起上路奋斗、经历坎坷磨难、共享成功喜悦，比自己一个人万里独行来得有趣，也更为可行。从法律上来看，创设小规模的企业经营模式，能够满足人数较少、资金有限的合作的需要，这就是合伙企业。那么，开办一家合伙企业在法律上应当办理哪些手续，又需要注意哪些事项呢？

36 谁可以设立合伙企业？

设立合伙企业不仅是设立人个人的事情，它还会影响与合伙企业具有业务关系的第三人的利益。因此，根据我国《合伙企业法》第 14 条的规定，合伙人应当为具有完全民事行为能力的人。只有具有完全民事行为能力的人，才能组织设立合伙企业。具备完全的民事行为能力，就意味着一个人不仅能够清楚地认识到自己所从事的事业的性质、内容以及后果，而且能够很好地控制自己的行为，不至于因为对自己行为的后果认识不足而侵害社会中他人的利益。一般而言，年满 18 周岁并且精神健康的自然人都是具有完全民事行为能力的人，都有法律资格创办合伙企业。

37 设立合伙企业有何其他条件？

根据我国《合伙企业法》第 14 条的规定，设立合伙企业应当具备下列条件：

（1）有二个以上合伙人

合伙企业与有限责任公司以及股份有限公司之间除了存在许多其他的区别之外，一个非常重要的区别就是合伙企业的普通合伙人必须对合伙企业的债务承担无限责任，而有限公司和股份公司的股

东则仅仅以他们对公司的出资额为限承担公司的债务，也就是只承担有限责任。可以说，合伙企业的合伙人所担负的企业经营风险比有限公司和股份公司大得多。

（2）有书面合伙协议

《合伙企业法》第 4 条规定：“合伙协议依法由全体合伙人协商一致、以书面形式订立。”这里要注意两点：第一，合伙协议必须是经过所有合伙人协商之后达成一致的结果，法律要求合伙协议反映所有合伙人的真实意思表示。第二，经过协商一致达成的合伙协议最后应当采用书面形式订立。对于那些具有重要法律意义的文件，法律通常都会要求当事人采用书面的形式。合伙协议是一个合伙企业最重要的法律文件，因此法律才会提出这样的要求。根据《合伙企业法》第 18 条的规定，一份合伙协议应当载明下列事项：合伙企业的名称和主要经营场所的地点；合伙目的和合伙企业的经营范围；合伙人的姓名及其住所；合伙人出资的方式、数额和缴付出资的期限；利润分配和亏损分担方式；合伙事务的执行；入伙与退伙；合伙企业的解散与清算；违约责任；争议解决办法十大类内容。如果一份合伙协议的内容不符合这一法律规定，国家登记管理机关是不会允许该合伙企业办理登记的。《合伙企业法》第18条的规定是强制性的，合伙协议具备了上述内容后，可以另外加入设立人认为需要的其他约定条款。

（3）有各合伙人认缴或实际缴付的出资

各合伙人的出资构成了合伙企业的经营资本，也是合伙企业对外承担责任的基础。《合伙企业法》第16条规定，合伙人可以用货币、实物、土地使用权、知识产权或者其他财产权利出资，也可以用劳务出资。对货币以外的出资需要评估作价的，可以由全体合伙人协商确定，也可以由全体合伙人委托法定评估机构进行评估。因此，合伙人能够用来作为出资投入合伙企业的，可以是货币、实物、土地使用权、知识产权或者其他财产权利以及劳务，出资方式十分灵活。

（4）有合伙企业的名称

合伙企业的名称除了不能使用那些污辱性、明显不雅观的词语之外，还应当注意在企业名称中不得使用“有限”或者“有限责任”字样。

（5）有经营场所

经营场所是一个企业进行正常经营活动所必需的条件，没有经营场所的企业不可想象。

（6）法律、行政法规规定的其他条件

合伙企业只有依法办理登记、领取营业执照后，方可从事经营活动，并且只能在企业登记机关核准的登记事项内依法从事经营活动。根据《中华人民共和国市场主体登记管理条例》第8条的规定，合伙企业的登记事项包括：①名称；②主体类型；③经营范围；④住所或者主要经营场所；⑤注册资本或者出资额；⑥法定代表人、执行事务合伙人或者负责人姓名；⑦合伙企业的合伙人名称或者姓名、住所、承担责任方式；⑧法律、行政法规规定的其他事项。

《中华人民共和国市场主体登记管理条例》第16条规定，申请办理市场主体登记，应当提交下列材料：①申请书；②申请人资格文件、自然人身份证明；③住所或者主要经营场所相关文件；④公司、非公司企业法人、农民专业合作社（联合社）章程或者合伙企业合伙协议；⑤法律、行政法规和国务院市场监督管理部门规定提交的其他材料。国务院市场监督管理部门应当根据市场主体类型分别制定登记材料清单和文书格式样本，通过政府网站、登记机关服务窗口等向社会公开。登记机关能够通过政务信息共享平台获取的市场主体登记相关信息，不得要求申请人重复提供。

总而言之，开办合伙企业需要办理的手续相对较多且较繁杂，需要您的细心和耐心才能顺利完成。

个人独资企业指引

个人独资企业，是指依法在中国境内设立，由一个自然人投资，财产为投资人个人所有，投资人以其个人财产对企业债务承担无限责任的经营实体。

38 设立条件有哪些?

成立个人独资企业要符合以下五个条件:(1)投资人为一个自然人;(2)有合法的企业名称;(3)有投资人申报的出资;(4)有固定的生产经营场所和必要的生产经营条件;(5)有必要的从业人员。

申请设立个人独资企业，应当由投资人或者其委托的代理人向个人独资企业所在地的登记机关提交设立申请书、投资人身份证明、生产经营场所使用证明等文件。委托代理人申请设立登记时，应当出具投资人的委托书和代理人的合法证明。

39 企业事务如何管理?

个人独资企业成立了，接下来的问题是，这个企业应如何进行管理？根据《个人独资企业法》的规定，个人独资企业投资人可以自行管理企业事务，也可以委托或者聘用其他具有民事行为能力的人负责企业的事务管理。投资人委托或者聘用他人管理个人独资企业事务，应当与受托人或者被聘用的人签订书面合同，明确委托的具体内容和授予的权利范围。受托人或者被聘用的人员应当履行诚信、勤勉义务，按照与投资人签订的合同负责个人独资企业的事务管理。但是，投资人对受托人或者被聘用的人员职权的限制，不得对抗善意第三人。也就是说，受托人或者被聘用的人员行使职权给他人带来的不利后果由企业承担。

法律上，还对投资人委托或者聘用的管理个人独资企业事务的人员的行为给予限制，即不得有下列行为：

（1）利用职务上的便利，索取或者收受贿赂；

（2）利用职务或者工作上的便利侵占企业财产；

（3）挪用企业的资金归个人使用或者借贷给他人；

（4）擅自将企业资金以个人名义或者以他人名义开立账户储存；

（5）擅自以企业财产提供担保；

（6）未经投资人同意，从事与本企业相竞争的业务；

（7）未经投资人同意，同本企业订立合同或者进行交易；

（8）未经投资人同意，擅自将企业商标或者其他知识产权转让给他人使用；

（9）泄露本企业的商业秘密；

（10）法律、行政法规禁止的其他行为。

对个体工商户的政策支持

全国个体工商户已成为促进社会经济发展和吸纳劳动力就业的重要力量。于 2022 年 9 月 26 日公布，自 2022 年 11 月 1 日起施行的《促进个体工商户发展条例》进一步为鼓励、支持、引导和规范个体工商户健康发展提供了完善的法律保障。

40 政府对个体工商户有哪些扶助措施？

《促进个体工商户发展条例》进一步明确了政府及其有关部门对促进个体工商户发展的扶持、服务措施，主要包括：第 17 条规定，县级以上地方人民政府应当结合本行政区域实际情况，根据个体工商户的行业类型、经营规模、经营特点等，对个体工商户实施分型分类培育和精准帮扶。第 18 条规定，县级以上地方人民政府应当采取有效措施，为个体工商户增加经营场所供给，降低经营场所使用成本。第 19 条规定，国家鼓励和引导创业投资机构和社会资金支持个体工商户发展。县级以上地方人民政府应当充分发挥各类资金作用，为个体工商户在创业创新、贷款融资、职业技能培训等方面提供资金支持。第 20 条规定，国家实行有利于个体工商户发展的财税政策。县级以上地方人民政府及其有关部门应当严格落实相关财税支持政策，确保精准、及时惠及个体工商户。第 21 条规定，国家推动建立和完善个体工商户信用评价体系，鼓励金融机构开发和提供适合个体工商户发展特点的金融产品和服务，扩大个体工商户贷款规模和覆盖面，提高贷款精准性和便利度。第 22 条规定，县级以上地方人民政府应当支持个体工商户参加社会保险，对符合条件的个体工商户给予相应的支持。第 23 条规定，县级以上地方人民政府应当完善创业扶持政策，支持个体工商户参加职业技能培训，鼓励各类公共就业服务机构为个体工商户提供招聘用工服务。第 24 条规定，县级以上地方人民政府应当结合城乡社区服务体系建设，支持个体工商户在社区从事与居民日常生活密切相关的经营活动，满足居民日常生活消费需求。第 25 条规定，国家引导和支持个体工商户加快数字化发展、实现线上线下一体化经营。平台经营者应当在入驻条件、服务规则、收费标准等方面，为个体工商户线上经营提供支持，不得利用服务协议、平台规则、数据算法、技术等手段，对平台内个体工商户进行不合理限制、附加不合理条件或者收取不合理费用。第 26 条规定，国家加大对个体工商户的字号、商标、专利、商业秘密等权利的保护力度。国家鼓励和支持个体工商户提升知识产权的创造运用水平、增强市场竞争力。第 27 条规定，县级以上地方人民政府制定实施城乡建设规划及城市和交通管理、市容环境治理、产业升级等相关政策措施，应当充分考虑个体工商户经营需要和实际困难，实施引导帮扶。第 28 条规定，各级人民政府对因自然灾害、事故灾难、公共卫生事件、社会安全事件等原因造成经营困难的个体工商户，结合实际情况及时采取纾困帮扶措施。

储蓄法律指南

到银行存钱，这几乎是家家户户都需要做的事。随着我国经济的快速增长，人民的收入水平普遍提高，去银行存钱的人是越来越多。现在大多单位发工资都是直接打到职工在银行的账户里，学生在学校缴费也是带着银行卡去学校里刷卡，更多的人在商场、超市消费后用银行卡付款……银行已经成为我们日常生活中不可或缺好帮手。那么，在我们去银行存款的时候，需要注意哪些法律问题呢？

41 如何选择储蓄机构?

您在决定将兜里的钱存进去之前，一定得选择合适的银行等金融机构。在我国，储蓄机构是指经中国人民银行或其分支机构批准，各银行、信用合作社办理储蓄业务的机构，以及邮政企业依法办理储蓄业务的机构。生活中，我们经常可以看到这样的报道：某公司以一个较高的利率吸纳公司员工及其家属的存款，后来事发被公安机关查处。所以在您为自己兜里的闲钱寻找去处的时候，不要被所谓的丰厚回报所迷惑，得先睁大眼分辨清楚对方是否具有办理储蓄业务资格的机构才行。那么该如何判断一个机构是否有这种资格呢?

首先，应当选择具有一定知名度的专业储蓄机构。其次，注意查看营业场所是否悬挂着营业执照或营业许可证。经营银行业务的机构，都必须经过中国人民银行的批准才能设立并对外办理银行业务。

42 存款人有哪些权利?

（1）收取利息的权利

客户将存款存入银行，一方面有委托银行保管现金的目的，另一方面也是为了收取存款所生利息。储户可以选择各种由银行提供的存款方式，分别获取不同的利息收入。当储户认为储蓄存款利息支付有错误的时候，有权向经办的储蓄机构申请复核。一般来说，储蓄存款利率是相对稳定的。根据我国《储蓄管理条例》第23条的规定：“储蓄机构必须挂牌公告储蓄存款利率，不得擅自变动。”因此，除了查看在银行营业场所所公布的利率之外，储户还可以通过报纸、电视、网络等媒体关注存款利率的最新变化，以便及时调整自己的存款策略。

（2）取款的权利

客户将存款存入银行，只意味着暂时将这笔钱的保管任务移交给银行，客户可以从银行提取其存入银行的款项。那么，储户能否提前支取尚未到期的定期储蓄存款呢？按照《储蓄管理条例》第 29 条的规定，储户提前支取的，必须持存单和存款人的身份证明办理；代储户支取的，代支取人还必须持其身份证明。也就是说，储户可以提前支取尚未到期的定期储蓄存款，不过得损失一些预期的利息收入。

（3）储蓄情况保密的权利

随着社会的进步，我国的老百姓也日益重视对私人信息的保护。在某些国家，储蓄账号以及与此相关的信息都属于个人的隐私范围，他人不得擅自查询、刺探或者公布。如果公布储户银行账号，会给储户带来不可预料的风险。如果公布储户银行账号的相关信息，更会泄露储户不愿公之于众的其他个人隐私，造成其他不良的社会影响。为此，我国《储蓄管理条例》第 32 条规定，储蓄机构及其工作人员对储户的储蓄情况负有保密责任。储蓄机构没有义务代任何单位和个人查询、冻结或者划拨储蓄存款，除非国家法律、行政法规另有规定。换言之，除非国家法律、行政法规另有明文规定，任何个人或单位都无权查询、冻结或者划拨储户的储蓄存款，储户的储蓄情况是严格保密的。

43 如何办理挂失？

很多人都在生活中碰到过这样的事，从街上回来之后突然发现自己兜里的存单或者存折不见了，怎么找都找不到。这时候我们该怎么办呢？继续找，还是采取其他措施？遇到这种情况先不要慌，尽快带着本人身份证到开户银行办理挂失手续。

首先，我们应当知道，有的存单、存折可以挂失，而有的则不能。存单、存折分为记名式和不记名式两种。所谓记名式存单、记名式存折，是指上面有您姓名的单据。记名式的存单、存折可以挂失，不记名式的存单、存折就不能挂失。换言之，不记名的存单或存折丢失之后，不能通过挂失手续挽回损失。只有记名的存单或存折才有可能通过挂失程序使得存款失而复得。

其次，依照《储蓄管理条例》第 31 条的规定，储户遗失存单、存折或者预留印鉴的印章的，必须立即持本人身份证明，并提供储户的姓名、开户时间、储蓄种类、金额、账号及住址等有关情况，向其开户的储蓄机构书面申请挂失。在特殊情况下，储户可以用口头或者函电形式申请挂失，但必须在五天内补办书面申请挂失手续。也就是说，当您前往开户银行办理挂失手续时，应当本人前往，并且携带本人身份证，然后尽可能详尽地向银行提供有关您这个银行账户的相关信息。如果情况特殊，您甚至可以暂时先通过口头、信函或电话的方式向银行申请挂失，然后在 5 天之内到银行补办一个书面挂失申请的手续即可。

储蓄机构受理挂失后，就应该立即停止支付该储蓄存款。如果在银行受理挂失申请以后，储户在该账户里的存款被他人支取的，那么银行就必须承担赔偿责任，向储户赔偿相关损失。但是我们需要注意的是，如果受理挂失前该储蓄存款已被他人支取的，银行就不负赔偿责任。

投保人身保险注意事项

人身保险是以人的寿命和身体为保险标的的保险。当人们遭受不幸事故或因疾病、年老以致丧失工作能力、伤残、死亡或年老退休时，根据保险合同的约定，保险人对被保险人或受益人给付保险金或年金，以解决其因病、残、老、死所造成的经济困难。

44 人身保险有哪些类型？

总体来讲，人身保险包括人寿保险、人身意外伤害保险和医疗（健康）保险。这些都是与公民切身利益最为密切相关的险种。人寿保险是以人的生命为保险对象，人的生存或死亡为给付保险金条件的保险，也称“生命保险”或“寿险”。寿险可分为死亡保险、定期生存保险、两全保险和年金保险。后两种是较为普遍的险种。寿险具有长期性、储蓄性等特点，很受社会欢迎。意外伤害保险是以被保险人因遭意外伤害造成死亡或残废为给付保险金条件的保险。保险期限一般不超过一年。医疗（健康）保险是以被保险人的身体为保险对象，当被保险人因疾病或意外伤害治疗时，保险人承担医疗费用的保险。有时作为人身意外险的附加险投保，有时单独承保，保险期限一般为一年。

45 人身保险投保注意哪些问题?

（1）年龄误告条款。根据《保险法》第32条第1款的规定，投保人申报的被保险人年龄不真实，并且其真实年龄不符合合同约定的年龄限制的，保险人可以解除合同，并按照合同约定退还保险单的现金价值。保险人行使合同解除权，适用《保险法》第16条第3款、第6款的规定。

（2）受益人由被保险人或投保人指定。在人身保险中，受益人与被保险人通常为两个人，而人身保险的保险标的又是人的生命和身体，为防止道德风险，必须由被保险人亲自指定受益人，或经被保险人同意的投保人指定受益人，以保障被保险人的切身利益。《保险法》第39条规定：“人身保险的受益人由被保险人或者投保人指定。投保人指定受益人时须经被保险人同意。投保人为与其有劳动关系的劳动者投保人身保险，不得指定被保险人及其近亲属以外的人为受益人。被保险人为无民事行为能力人或者限制民事

行为能力人的，可以由其监护人指定受益人。”第 40 条规定：“被保险人或者投保人可以指定一人或者数人为受益人。受益人为数人的，被保险人或者投保人可以确定受益顺序和受益份额；未确定受益份额的，受益人按照相等份额享有受益权。”第 41 条规定：“被保险人或者投保人可以变更受益人并书面通知保险人。保险人收到变更受益人的书面通知后，应当在保险单或者其他保险凭证上批注或者附贴批单。投保人变更受益人时须经被保险人同意。”第 42 条规定，如果没有指定受益人，或者受益人指定不明无法确定的；受益人先于被保险人死亡，没有其他受益人的；受益人依法丧失或放弃受益权，没有其他受益人的，被保险人死亡后其保险金作为遗产处理。

（3）人寿保险的索赔时效。根据《保险法》第 26 条的规定，人寿保险以外的其他保险的被保险人或者受益人，向保险人请求赔偿或者给付保险金的诉讼时效期间为二年，自其知道或者应当知道保险事故发生之日起计算。人寿保险的被保险人或者受益人向保险人请求给付保险金的诉讼时效期间为五年，自其知道或者应当知道保险事故发生之日起计算。

人身保险的特殊条款、索赔的时效等诸多问题，都是投保人在投保人身保险时需要了解和掌握的重要问题。

46 谁可以为谁投保?

提出这个问题，大家可能会觉得怪异。投不投保、为谁投保是人家自己的事，这难道法律还管吗？不错，法律还就是规定了不是每个人都可以投保的，更不是说给谁都可以设立保险的。也就是说，如果大家想设立保险的话，一要看自己有没有投保的资格，二要看你有没有权利为这个人投保。

首先，投保人应当具有完全民事责任，也就是说必须是年满 18 周岁的精神智力健全的人，或者是已经年满 16 周岁并能用自己的收入养活自己的人。

其次，法律规定，投保人必须要对保险标的有保险利益，人身保险中这种利益就是指投保人对被保险人的寿命或者是身体具有适法及实际经济上的利益。就是说如果你想为谁设立保险的话，必须要与这个人有一定的关系。

《保险法》第 31 条规定："投保人对下列人员具有保险利益：（一）本人；（二）配偶、子女、父母；（三）前项以外与投保人有抚养、赡养或者扶养关系的家庭其他成员、近亲属；（四）与投保人有劳动关系的劳动者。除前款规定外，被保险人同意投保人为其订立合同的，视为投保人对被保险人具有保险利益。订立合同时，投保人对被保险人不具有保险利益的，合同无效。"

由此可见，哪怕是为别人投保也不能是随意的。一般来讲投保人只能为自己、自己的亲人以及与自己有法定关系的人投保，对于其他人则必须要有被保险人同意才可以。这里，对于为无民事行为能力人投保的话，法律又有以下特别规定。《保险法》第 33 条规定："投保人不得为无民事行为能力人投保以死亡为给付保险金条件的人身保险，保险人也不得承保。父母为其未成年子女投保的人身保险，不受前款规定限制。但是，因被保险人死亡给付的保险金总和不得超过国务院保险监督管理机构规定的限额。”

也就是说，我们为自己未成年的孩子投保人身保险，不受上面法条的限制，不要求孩子同意，父母就可以投保。上文提及的无民事行为能力人是指那些 10 周岁以下的人或者是不能辨认自己行为的精神病人。

47 如何交纳保险费?

保险费一般要经过双方协商确定，可以一次支付全部金额，也可以分期分时支付。这里要明确的是，在分期分时付款中，一旦投保人中断了保险金，是不是保险合同就终止了，也就是说保险公司就可以不赔偿了呢?《保险法》第 36 条规定:“合同约定分期支付保险费，投保人支付首期保险费后，除合同另有约定外，投保人自保险人催告之日起超过三十日未支付当期保险费，或者超过约定的期限六十日未支付当期保险费的，合同效力中止，或者由保险人按照合同约定的条件减少保险金额。被保险人在前款规定期限内发生保险事故的，保险人应当按照合同约定给付保险金，但可以扣减欠交的保险费。”

由此可见，这时并不终止保险合同，而仅仅是中止。也就是说，如果到了应该支付保险费用的时候，投保人没交，那么法律就规定了期限，在这期间交费的话合同继续有效，如果超过期限没交的话，那么此时合同中止，如果发生保险事故的话，那么保险公司可以减少保险金额的赔偿额度。下面我们看看中止之后又怎么样呢。

《保险法》第 37 条规定:“合同效力依照本法第三十六条规定中

止的，经保险人与投保人协商并达成协议，在投保人补交保险费后，合同效力恢复。但是，自合同效力中止之日起满二年双方未达成协议的，保险人有权解除合同。保险人依照前款规定解除合同的，应当按照合同约定退还保险单的现金价值。”同时，《最高人民法院关于适用〈中华人民共和国保险法〉若干问题的解释（三）》第 8 条规定：“保险合同效力依照保险法第三十六条规定中止，投保人提出恢复效力申请并同意补交保险费的，除被保险人的危险程度在中止期间显著增加外，保险人拒绝恢复效力的，人民法院不予支持。保险人在收到恢复效力申请后，三十日内未明确拒绝的，应认定为同意恢复效力。保险合同自投保人补交保险费之日恢复效力。保险人要求投保人补交相应利息的，人民法院应予支持。”

48 什么情况下保险公司不负保险责任？

有些情况下，保险公司是不负赔偿责任的。一般保险公司会在扣除保险费用以后，退还投保人所交纳的保险金。法律主要规定了以下情形：

《保险法》第 43 条规定：“投保人故意造成被保险人死亡、伤残或者疾病的，保险人不承担给付保险金的责任。投保人已交足二年以上保险费的，保险人应当按照合同约定向其他权利人退还保险单的现金价值。受益人故意造成被保险人死亡、伤残、疾病的，或者故意杀害被保险人未遂的，该受益人丧失受益权。”

《保险法》第 44 条规定：“以被保险人死亡为给付保险金条件的合同，自合同成立或者合同效力恢复之日起二年内，被保险人自杀的，保险人不承担给付保险金的责任，但被保险人自杀时为无民事行为能力人的除外。保险人依照前款规定不承担给付保险金责任的，应当按照合同约定退还保险单的现金价值。”

《保险法》第45条规定：“因被保险人故意犯罪或者抗拒依法采取的刑事强制措施导致其伤残或者死亡的，保险人不承担给付保险金的责任。投保人已交足二年以上保险费的，保险人应当按照合同约定退还保险单的现金价值。”《最高人民法院关于适用〈中华人民共和国保险法〉若干问题的解释（三）》第22条规定：“保险法第四十五条规定的‘被保险人故意犯罪’的认定，应当以刑事侦查机关、检察机关和审判机关的生效法律文书或者其他结论性意见为依据。”该司法解释第23条规定：“保险人主张根据保险法第四十五条的规定不承担给付保险金责任的，应当证明被保险人的死亡、伤残结果与其实施的故意犯罪或者抗拒依法采取的刑事强制措施的行为之间存在因果关系。被保险人在羁押、服刑期间因意外或者疾病造成伤残或者死亡，保险人主张根据保险法第四十五条的规定不承担给付保险金责任的，人民法院不予支持。”

财产保险十项注意

49 保险是“赌博”吗?

有些投保人错误地认为现在房屋普遍都是钢筋混凝土建造，企业、家庭也十分重视安全防护，灾难不一定就能降临到自己头上。而且即使发生天灾人祸，财产也不可能产生多大损失，所以，视保险为可有可无之物。有的选择自认为特别危险的财产投保；有的在破坏性实害将要来临时，赶紧到保险公司投保，大有一种赌一把的意味。以为保险就是要有回报，否则等于白交了保险费。其实这种侥幸心理是把辛辛苦苦积攒下来的财富当儿戏，违背了保险的本质含义。保险是风险的伴生物，风险损害的不确定性决定了保险行为绝非任何个人可先知先觉的，选择投保只能在一定程度上减轻风险造成的财产损失。

50 保险条款有必要深究吗?

保险合同是格式合同，保险条款都是保险公司单方制定的，而且条款中引用专业术语多，有些投保人无暇或无意深究条款内容，仅是根据自己的需要，顺着保险从业人员引导的路子思考，从大的方面选择投保险种，而对条款中列明的可保财产、不保财产、保险责任、权利义务等内容往往不去认真阅读、仔细分析，等出现什么情况或出险，到保险公司咨询或索赔时，常常因本人的愿望得不到满足而发生纠纷，形成“婆说婆有理，公说公有理”的状况，这样参加保险的人的合法权益会得不到维护，也会造成保险投诉增多，降低了续保的热情。

51 保险费能少交吗?

有的投保人为了省保险费，在投保财产保险时，仅投保财产价值的一部分，这种貌似“精明”的选择，却在财产出险后铸成大错。因为根据财产保险条款规定，对“不足额投保的财产”按保险金额与财产实际价值的比例进行赔偿。比如，某保户，其家庭财产实际价值 20 万元，而投保的家庭财产保险金额仅为 10 万元，也就是说是按家庭财产价值的 50％投保的，按照等价原则，保险公司也仅承担 50％的赔偿责任。财产损失 1 万元，保险公司仅能赔偿 5000 元。

52 超额投保有效吗？

所谓超额投保就是投保财产保险时，确定的保险金额大于所保财产的实际价值。有些人以为保险金额高，投保财产价值超过实际价值，保障充分；或者以为出险后能从保险公司多获得保险赔偿金。在保险中，保险金额与保险价值是两个不同的概念。超过财产实际价值的保险金额，超过部分是无效投保，多交了保险费，是不必要的浪费，保险公司在定损中，是按财产的实际价值和损失程度确定赔偿金额，损失多少赔多少。

53 可以重复保险吗？

我国现行的《保险法》对重复保险是这样定义的，重复保险是指投保人对同一保险标的、同一保险利益、同一保险事故分别向两个以上保险人订立保险合同，且保险金额总和超过保险价值的保险。例如，职工李某将其价值 30 万元的家庭财产在向甲保险公司投保了保险金额为16万元的家庭财产保险后，又向乙保险公司投保了保险金额为24万元的家庭财产保险，当发生保险责任范围内的事故致李某家庭财产全损，甲、乙两家保险公司赔偿的总额仍以30万元为最高赔偿限额，甲保险公司向李某赔偿12万元，乙保险公司向李某赔偿18万元。《保险法》第56条规定，重复保险的投保人应当将重复保险的有关情况通知各保险人。重复保险的各保险人赔偿保险金的总和不得超过保险价值。除合同另有约定外，各保险人按照其保险金额与保险金额总和的比例承担赔偿保险金的责任。重复保险的投保人可以就保险金额总和超过保险价值的部分，请求各保险人按比例返还保险费。

54 投保人有如实告知义务吗？

诚实信用原则是民事法律关系的基本原则之一。签订和履行保险合同必须遵守诚实信用原则。由于保险公司面对的保户面广量大，涉及经济社会的方方面面，不可能对每个保险标的进行认真细致的勘察监控。因此，保险公司只能根据投保人的陈述和提供的资料判断风险的大小，这就要求投保人在投保时如实告知并信守承诺，不遗漏、不隐瞒、不欺诈。《保险法》规定，投保人故意或者因重大过失未履行如实告知义务，足以影响保险人决定是否同意承保或者提高保险费率的，保险人有权解除合同。投保人故意不履行如实告知义务的，保险人对于合同解除前发生的保险事故，不承担赔偿或者给付保险金的责任，并不退还保险费。

55 保险标的危险程度显著增加需要告知吗?

保险公司承担的是保险标的随时可能遭遇风险的经济赔偿责任。因此，与保险标的危险程度变化等相关内容具有密切的利害关系。《保险法》第52条规定:“在合同有效期内，保险标的的危险程度显著增加的，被保险人应当按照合同约定及时通知保险人，保险人可以按照合同约定增加保险费或者解除合同。保险人解除合同的，应当将已收取的保险费，按照合同约定扣除自保险责任开始之日起至合同解除之日止应收的部分后，退还投保人。被保险人未履行前款规定的通知义务的，因保险标的的危险程度显著增加而发生的保险事故，保险人不承担赔偿保险金的责任。”

56 保险就是“包险”吗?

能否获得保险公司的赔偿，一是要看遭受损失的标的是不是在保险财产范围内；二是看造成损失的原因是否在保险责任范围之内。

57 投保后就高枕无忧了吗?

有的投保人认为，交了保险，危险都交给保险公司了，财产一旦发生损失，就由保险公司来赔，这下再也没有什么后顾之忧了。其实不然，财产保了险，并不是投保人无事可做。根据《保险法》第51条第1款、第2款、第3款规定:“被保险人应当遵守国家有关消防、安全、生产操作、劳动保护等方面的规定，维护保险标的的安全。保险人可以按照合同约定对保险标的的安全状况进行检查，及时向投保人、被保险人提出消除不安全因素和隐患的书面建议。投保人、被保险人未按照约定履行其对保险标的的安全应尽责任的，保险人有权要求增加保险费或者解除合同。”同时，第 57 条规定了，保险事故发生时，被保险人应当尽力采取必要的措施，防止或者减少损失。由此可见，参加保险的人有维护财产安全及减轻损失的义务，否则，将承担不利后果。

58 能放弃第三方追偿权吗？

有些财产损失是由于第三方的原因造成的，对于这部分损失，保险公司在取得代位追偿权时，可以先予以赔偿，然后再向第三方追偿。有些参加保险的人认为自己既然可以获得保险公司的赔偿，如何和怎样向第三方追偿这是保险公司的事，与己无关，其实这种观点是错误的。根据《保险法》第 61 条的规定：“保险事故发生后，保险人未赔偿保险金之前，被保险人放弃对第三者请求赔偿的权利的，保险人不承担赔偿保险金的责任。保险人向被保险人赔偿保险金后，被保险人未经保险人同意放弃对第三者请求赔偿的权利的，该行为无效。被保险人故意或者因重大过失致使保险人不能行使代位请求赔偿的权利的，保险人可以扣减或者要求返还相应的保险金。”

借贷的法律技巧

随着我国经济的不断发展，我国公众的个人收入逐年增加。一方面，大多数老百姓都青睐或者说习惯于将积蓄存入银行赚取利息。另一方面，随着大众投资意识的提高，越来越多的老百姓开始放弃既有的投资方式，转而将积蓄借贷给其他需要资金的人。这种民间的借贷活动事实上已经非常活跃，它既能缓解我国银行的放贷压力，又在一定程度上满足了自然人、法人对于资金的需要，促进了生产的发展。那么，这种投资方式涉及哪些相关法律问题呢？

59 什么是民间借贷？

依据《最高人民法院关于审理民间借贷案件适用法律若干问题的规定》的规定，民间借贷是指自然人、法人和非法人组织之间进行资金融通的行为。其同时规定：经金融监管部门批准设立的从事贷款业务的金融机构及其分支机构，因发放贷款等相关金融业务引发的纠纷，不适用该规定。

60 我国司法解释如何规制民间借贷利率？

《最高人民法院关于审理民间借贷案件适用法律若干问题的规定》第25条规定，出借人请求借款人按照合同约定利率支付利息的，人民法院应予支持，但是双方约定的利率超过合同成立时一年期贷款市场报价利率四倍的除外。前款所称“一年期贷款市场报价利率”，是指中国人民银行授权全国银行间同业拆借中心自 2019 年 8 月 20 日起每月发布的一年期贷款市场报价利率。

61 借贷合同如何办理公证?

尽管司法解释已经对因借贷可能产生的法律问题作出了一些规定，但这些远远没有达到全面规范借贷行为的目的。相较而言，以银行等金融机构为贷款方的银行贷款，无论在形式上还是内容上，都要规范得多、安全得多。为此司法部发布了《关于办理民间借贷合同公证的意见》，该意见认为，随着我国商品经济的不断发展，民间借贷活动日益增多。民间借贷对于缓解国家借贷资金不足的矛盾，促进社会经济的发展起了一定作用，但也存在高利贷、纠纷多等问题。为保护合法的民间借贷活动，制止民间借贷活动中的各种违法行为，保护借贷双方当事人的合法权益，公证机关可以根据国家有关法律、政策和当事人的要求，办理民间借贷合同公证。

（1）公民之间、公民与非金融机构的法人及其他经济组织之间签订借贷合同，申请公证的，公证机关可根据《民法通则》[①] 和国家的有关政策规定，给予公证。

（2）公证机关办理民间借贷合同公证，应帮助当事人完善合同条款，明确双方的权利义务及违约罚则，做到合同真实合法，手续完备，证据齐全。

（3）公证处办理民间借贷合同公证，一般应要求借款人提供担

① 《关于办理民间借贷合同公证的意见》发布于1992年，《民法通则》是当时有效的法律，对应现行《民法典》。

保，担保的具体形式，可由当事人协商约定。

（4）民间借贷合同经公证机关公证后，借款人到期不偿还借款（包含利息）时，公证处可以根据出借人的申请，出具强制执行证书，由出借人向有管辖权的人民法院申请强制执行。

如果您有闲钱想借贷给他人，千万不要忘了签订一份尽量完整的借贷合同，最好还能要求对方提供抵押担保或者提供保证人，还可以到公证机关办理借贷合同的公证。这样，有助于您的本钱加利息到时候可以不受损失。

保证法律指南

俗话说得好：亲兄弟，明算账。涉及金钱关系，无论是亲戚朋友，还是邻里乡亲，都还是明明白白的好。我们的祖先早已经告诉人们在处理金钱时要慎重，尤其是与亲戚朋友之间的金钱关系更是如此。处理不好的话，也许好好的亲情、友情就会断送。生活中，我们常常会一时因缺钱，找亲戚朋友帮忙，这就涉及了一个借和还的问题。我们常说：好借好还，再借不难。但是，就是有人会久拖不还抑或有借无还，由此所产生的债务纠纷诉诸法律的数不胜数。其实只要大家在借款之前或借款过程中能够采取有效措施以防止到期不还的话，即使发生了这样的情况，我们自己也不会遭受损失。这样的措施一般就是抵押、质押或者要求提供保证人。这样，即使对方欠债不还我们也可以拍卖抵押物、质押物或者要求保证人履行义务，这样就可以有效避免自己的损失了。关于其他形式的担保方式这里先不谈，本篇就只介绍关于“人保”——保证的法律问题。

62 谁能做保证人？

实际上我们所说的保证就是大家平常所说的“人保”，如甲向乙借钱，乙为了保证到期自己能够足额拿回借款，就可以要求甲找个保证人，要求当甲不还款时，保证人就按照约定履行债务或者承担责任，这就是保证人制度。那么是不是谁都可以做保证人呢？答案是否定的。

《民法典》第 683 条规定：“机关法人不得为保证人，但是经国务院批准为使用外国政府或者国际经济组织贷款进行转贷的除外。以公益为目的的非营利法人、非法人组织不得为保证人。”

一般百姓可以担任保证人，但是必须自愿才行，不可以强迫任何人去做保证人。

63 保证人都保什么？

保证人所保的自然是债务，也就是在债务人不还款的时候，代替债务人还款。可是这时保证人所还的钱是不是就只是债务人所借的钱呢？

《民法典》第691条规定："保证的范围包括主债权及其利息、违约金、损害赔偿金和实现债权的费用。当事人另有约定的，按照其约定。"

也就是说，如果您做了别人的担保人的话，在您所保的那个人没有按期还款的情况下，您不但有义务替他还他所欠的钱，还要还因此所生的利息、违约金、损害赔偿金等一系列的费用。所以，大家做保证人的时候还是要慎重，看看债务人的信誉再做决定。

64 债权人如何要求保证人还款？

保证人担保债务一般是要签订合同的：或者是一个专门的与债权人签订的保证合同，或者是在借款合同里面写上保证条款，或者是保证人在借款合同上以保证人的名义签字，总之，形式是多样的。就保证内容来讲，就要依约定了，如果大家在保证合同中约定，债务人不能履行债务时，由保证人承担保证责任的，这在法律上就称之为一般保证。而如果当事人直接约定保证人与债务人对债务承担连带责任的话，那么，债权人也就是出借款项的人就可以要求双方还款，既可以要债务人还，也可以要求保证人还。《民法典》第686条第2款规定，当事人在保证合同中对保证方式没有约定或者约定不明确的，按照一般保证承担保证责任。

在一般保证里，债权人如果想找保证人承担保证责任的话，他必须要先做以下事情。

《民法典》第687条规定："当事人在保证合同中约定，债务人不能履行债务时，由保证人承担保证责任的，为一般保证。一般保证的保证人在主合同纠纷未经审判或者仲裁，并就债务人财产依法强制执行仍不能履行债务前，有权拒绝向债权人承担保证责任，但是有下列情形之一的除外：（一）债务人下落不明，且无财产可供执行；（二）人民法院已经受理债务人破产案件；（三）债权人有证据证明债务人的财产不足以履行全部债务或者丧失履行债务能力；（四）保证人书面表示放弃本款规定的权利。"

也就是说，在保证合同里面，大家说定了在债务人不能还款的时候由保证人承担还款责任，那么，如果债权人要找保证人还款的话，他必须要先起诉或者申请仲裁要求债务人还款。经法院强制执行债务人的财产以后，仍不能还款或者是还不完的情况下，债务人才可以要求保证人代替债务人还款。当然，还完款以后，保证人是有权利向债务人追偿的。

65 保证人免责的情形有哪些？

如果债务人能够按时还款的话，就不会产生保证人还款的问题了。这是保证人免除责任的一种情况，除此之外，保证人还可以在某些情况下免除自己的责任。

《民法典》第391条规定:“第三人提供担保，未经其书面同意，债权人允许债务人转移全部或者部分债务的，担保人不再承担相应的担保责任。”

《民法典》第392条规定:“被担保的债权既有物的担保又有人的担保的，债务人不履行到期债务或者发生当事人约定的实现担保物权的情形，债权人应当按照约定实现债权；没有约定或者约定不明确，债务人自己提供物的担保的，债权人应当先就该物的担保实现债权；第三人提供物的担保的，债权人可以就物的担保实现债权，也可以请求保证人承担保证责任。提供担保的第三人承担担保责任后，有权向债务人追偿。”

《民法典》第695条规定:“债权人和债务人未经保证人书面同意，协商变更主债权债务合同内容，减轻债务的，保证人仍对变更后的债务承担保证责任；加重债务的，保证人对加重的部分不承担保证责任。债权人和债务人变更主债权债务合同的履行期限，未经保证人书面同意的，保证期间不受影响。”

综上所述，大家可以看到，债务人借了钱而让别人还（债务转让），如果没有保证人的书面同意的，那么保证人就对转让后的债务不负责任了。同时，债权债务双方当事人想改变合同的主要内容的，也得有保证人同意，否则，保证人对加重责任部分也是可以不承担保证责任的。最后，骗取保证违背了保证的自愿原则，是违法的，保证人当然也不负任何责任了。

抵押法律指南

· 案例回放

王某年事已高，其身份证、华侨亲属证及其位于某市某某路12号的房产证由其儿子王小某保管。后李某因急需用钱，与王小某私自达成协议，在王某毫不知情的情况下，私自以王某名义写下委托书，与第三人签订了房屋抵押贷款合同。合同约定：以王某的三层楼房抵押给第三人，第三人提供贷款6万元。后李某到期不能偿还贷款，第三人向王某主张抵押权。王某诉至法院，请求判令合同无效，返还办理抵押手续的房产证及身份证、华侨亲属证等。法院最终认定该房屋抵押贷款合同无效。房地产抵押一直以来都是百姓日常生活的一个重要经济事件，特别是由于我国个人融资渠道比较单一，因此通过房地产抵押来获取流动资金是一种常见的途径。那么，办理房地产抵押应当注意些什么呢？

66 什么是抵押？

抵押是以物权来担保债务履行的一种方式。抵押物多为房屋，土地使用权或是交通工具，抵押不转移对抵押物的占有，也就是说当事人还可以使用抵押物。正是因为既可以起到物权担保作用，又不影响对抵押物的利用，所以抵押是目前经济生活中被广泛应用的担保方式。抵押权人由于没有实际占有抵押物，就有可能无法实现抵押权，因而法律规定对于一些种类的财产设定抵押权，抵押人必须办理登记手续。

房地产抵押是日常生活中我们主要接触到的抵押种类，它是指抵押人将其房地产以不转移占有的方式向抵押权人提供债务履行担保的行为，若债务人不履行到期债务，抵押权人有权依法将抵押的房地产拍卖，就所得的价款优先受偿。

67 哪些财产可以抵押?

事实上，并不是所有的不动产都可用于抵押，我国法律在这方面作出了比较详细的规定。根据《民法典》第395条的规定，债务人或者第三人有权处分的下列财产可以抵押：（1）建筑物和其他土地附着物；（2）建设用地使用权；（3）海域使用权；（4）生产设备、原材料、半成品、产品；（5）正在建造的建筑物、船舶、航空器；（6）交通运输工具；（7）法律、行政法规未禁止抵押的其他财产。抵押人可以将前款所列财产一并抵押。第399条规定，下列财产不得抵押：（1）土地所有权；（2）宅基地、自留地、自留山等集体所有土地的使用权，但是法律规定可以抵押的除外；（3）学校、幼儿园、医疗机构等为公益目的成立的非营利法人的教育设施、医疗卫生设施和其他公益设施；（4）所有权、使用权不明或者有争议的财产；（5）依法被查封、扣押、监管的财产；（6）法律、行政法规规定不得抵押的其他财产。

还需注意的是，根据《民法典》第402条、第403条的规定，以建筑物和其他土地附着物，建设用地使用权、海域使用权或正在建造的建筑物抵押的，应当办理抵押登记。抵押权自登记时设立。

其第403条规定，以动产抵押的，抵押权自抵押合同生效时设立；未经登记，不得对抗善意第三人。

68 如何办理房地产抵押？

依据《城市房地产抵押管理办法》的规定，自房地产抵押合同签订之日起30日内，抵押当事人应到房地产所在地的房屋管理部门办理房地产抵押登记手续，房地产抵押自抵押登记之日起生效，如果不登记，房地产抵押就不能生效。

办理登记时，抵押当事人应提交下列文件：（1）抵押合同；（2）抵押当事人的身份证明或法人资格证明；（3）抵押登记申请书；（4）《国有土地使用证》《房屋所有权证》或《房地产权证》，共有的房屋还须提交《房屋共有权证》和其他共有人同意抵押的证明；（5）可以证明抵押人有权设定抵押的文件与证明材料；（6）可以证明抵押房地产价值的材料，如有效的房地产评估报告；（7）登记机关认为必要的其他文件。

登记机关应对申请人的申请进行审核，凡权属清楚、证明材料齐全的，应在登记受理之日起7日决定是否予以登记：（1）以依法取得房屋所有权的房地产抵押的，登记机关应在原《房屋所有权证》上作他项权利记载，交由抵押人收执，同时向抵押人颁发《房屋他项权证》；（2）以预售商品房或在建工程抵押的，登记机关应在抵押合同上作记载，抵押的房地产在抵押期间竣工的，当事人应当在抵押人领取房地产权属证书后，重新办理房地产抵押登记。

69 房地产抵押中经常遇到哪些问题?

房地产抵押本身就是一系列的法律关系的综合体，任何一个因素发生变化都有可能影响房地产抵押的效力。

（1）房地产抵押后土地上新增房屋是否属于抵押财产？

《民法典》第417条规定:“建设用地使用权抵押后，该土地上新增的建筑物不属于抵押财产。该建设用地使用权实现抵押权时，应当将该土地上新增的建筑物与建设用地使用权一并处分。但是，新增建筑物所得的价款，抵押权人无权优先受偿。”根据《城市房地产管理法》第52条的规定:“房地产抵押合同签订后，土地上新增的房屋不属于抵押财产。需要拍卖该抵押的房地产时，可以依法将土地上新增的房屋与抵押财产一同拍卖，但对拍卖新增房屋所得，抵押权人无权优先受偿。”由此可见，我国采取“房地一体主义”，在房地产实现抵押权时，新增房屋不能离开土地而独立存在，因此在变

卖土地使用权时，新增房屋应一并变卖，但要分别计算价金，土地使用权的抵押权人对土地变价优先受偿，房屋所有权的抵押权人对房屋变价优先受偿。

（2）房产多次抵押时，其效力应如何认定？

· 案例回放

牛某的邻居马某向他借了7万元钱，用房屋作为抵押，以担保向牛某借的钱能够及时归还。马某的房屋估价是8万元左右，但是马某的房屋以前就作为过抵押物向银行借款，这种情况牛某是知道的，所以，牛某很犹豫，要不要把钱借给马某，马某提供的担保是否有效呢？

对于牛某的疑问，我们可以给他如下建议：房屋作为抵押物而设定了担保物权，是能够及时履行债务、实现债权的保证。而一个房屋设定了两个抵押权，从直观的角度来说，如果房屋在设定一个抵押权后还有足够的剩余的价值，是可以保证债权的实现的，这对债权没有什么不利；但是，如果没有剩余的价值而再次设定抵押权则是不利于债权的实现的，同一财产上有两个抵押权就涉及清偿顺序的问题。根据《民法典》第414条的规定：“同一财产向两个以上债权人抵押的，拍卖、变卖抵押财产所得的价款依照下列规定清偿：（一）抵押权已经登记的，按照登记的时间先后确定清偿顺序；（二）抵押权已经登记的先于未登记的受偿；（三）抵押权未登记的，按照债权比例清偿。其他可以登记的担保物权，清偿顺序参照适用前款规定。”如果马某和银行的抵押已经作了登记，那牛某最好要求马某再提供其他担保。

伴随着我国土地使用权制度改革和房地产业的发展，房地产抵押成为一种利用房地产的好方式，也是融资风险的一种防范措施。因此，掌握房地产抵押的一般规则有助于我们更好的理财。

炒股“鸡汤”

身居现代社会的您一定对“炒股”这两个字不陌生，而且也许您的亲戚、朋友也正在炒股大军里。这些参与炒股的人被称为股民。改革开放以来，国家的经济活了，各种各样的证券交易如雨后春笋般地出现了，同时，随着人们生活水平的提高，人们的钱包鼓了起来，大家开始想该如何让自己的钱包更鼓，有一部分人就选择了炒股。炒股的风险是相当大的，尤其是对于大多数的小股民来说，一次炒股失败就可能意味着倾家荡产，所以在炒股时股民们要时刻小心。同时，也不要因为不懂法律而使得自己遭受不必要的损失。本篇目的并不是要告诉大家怎样炒股，而是要大家知道在遇到关于炒股的纠纷时，该如何保护自己的权利。

70 你能炒股吗?

可能很多人认为人人可以炒股，事实上，不是每个人都可以的。法律为了保护股民的利益，作出了一些限制性规定，即特定的人是不允许炒股的。

《证券法》第 40 条规定：“证券交易场所、证券公司和证券登记结算机构的从业人员，证券监督管理机构的工作人员以及法律、行政法规规定禁止参与股票交易的其他人员，在任期或者法定限期内，不得直接或者以化名、借他人名义持有、买卖股票或者其他具有股权性质的证券，也不得收受他人赠送的股票或者其他具有股权性质的证券。任何人在成为前款所列人员时，其原已持有的股票或者其他具有股权性质的证券，必须依法转让。实施股权激励计划或者员工持股计划的证券公司的从业人员，可以按照国务院证券监督管理机构的规定持有、卖出本公司股票或者其他具有股权性质的证券。”

《证券法》第42条规定：“为证券发行出具审计报告或者法律意见书等文件的证券服务机构和人员，在该证券承销期内和期满后六个月内，不得买卖该证券。除前款规定外，为发行人及其控股股东、实际控制人，或者收购人、重大资产交易方出具审计报告或者法律意见书等文件的证券服务机构和人员，自接受委托之日起至上述文件公开后五日内，不得买卖该证券。实际开展上述有关工作之日早于接受委托之日的，自实际开展上述有关工作之日起至上述文件公开后五日内，不得买卖该证券。”

71 什么是委托炒股？

生活中，经常有一些股民因不会炒股或者缺乏炒股经验而委托有法定资格的主体来替自己炒股。这时双方可以约定盈利按一定比例分配以及约定损失的承担比例。这里，关于双方的权利义务的纠纷是相当多的。

· 案例回放

张甲、张乙系兄妹。某年11月，张甲在其妹妹的账户上进行股票买卖，使得张乙损失3万元。张甲随后表示愿意偿还3万元，并打欠条给张乙。次年2月1日，张甲付给张乙2万元后，张乙打了收条，之后很长时间，张甲未将余下的1万元还给张乙，为此，张乙多次索要未果，遂向区人民法院提起诉讼，称张甲盗用其账户炒股导致自己遭受损失，要求张甲偿还1万元的欠款。而张甲诉称，其系受张乙口头委托炒股，自己不应该承担炒股损失。

此案中二人的关系是否是委托炒股呢？委托炒股要有双方的合意，即双方都知道合同的内容并同意这些内容。所以，在此案中，张乙根本就没有委托张甲炒股的意思，虽然张甲硬要说是委托炒股，但他没有证据，法律就不会支持他的要求。因而张甲与张乙的关系显而易见应该是债权债务关系，相当于张甲借了张乙的3万元去炒股，他自然要还钱给张乙。

72 委托炒股要注意的问题有哪些？

（1）受托人冒领股民在证券公司的资金，谁负责？

有一些股民为了炒股的方便，把自己在证券公司的账户密码告诉受托人，但是，受托人却冒领了股民的资金。这应该由谁负责呢？一般来讲，证券公司在没有股民提款授权的情况下，对股民资金被他人冒领的情况是要负全责的。但是，如果股民授权了证券公司提款的权利，那么股民就有义务保管好资金账户卡及密码。如果股民自己信任他人而将密码和资金账户卡给予他人，那么他人就相对容易用假身份证等假证件冒领股民的资金了，在这种情况下，证券公司在为自己疏于检查的责任负责的同时，委托人也应负一定责任。

（2）可以委托证券公司炒股吗?

我国《证券法》第134条第1款规定:“证券公司办理经纪业务，不得接受客户的全权委托而决定证券买卖、选择证券种类、决定买卖数量或者买卖价格。”所谓全权委托，是指投资者委托证券公司，由证券公司决定投资者的证券买卖、选择证券品种、决定买卖数量或者买卖价格的民事行为。全权委托的基础是客户对证券公司的充分信任。然而在高额利润的推动下，证券公司有可能通过接受众多的全权委托来持有大规模的资金或证券，或者将委托资金集中于某种股票，轮番炒作，操纵市场和证券价格。鉴于这种委托方式会给投资者带来很大风险，证券法规定证券公司办理经纪业务时，不得接受客户的全权委托。显然，法律是禁止证券公司接受委托而炒股的，这种委托协议是无效的，因此所造成的损失就可能由股民来承担了。

我国《证券法》第135条规定:“证券公司不得对客户证券买卖的收益或者赔偿证券买卖的损失作出承诺。”在合同中如果出现有证券公司对您的股票买卖的收益或者损失负责的承诺条款，则该条款是无效的，是不受法律保护的。法律对于无效合同一般采取认定合同无效的方式。对发生亏损不能返还的，根据当事人各自过错的大小来分配责任。如果受托人在炒股的过程中形成重大亏损，最后蒙受损失的很有可能还是委托人。所以，大家在签订合同时一定要仔细，否则就会给自己造成不必要的损失。

《证券法》第136条第2款规定:“证券公司的从业人员不得私下接受客户委托买卖证券。”私下接受客户的委托，是指证券公司的从业人员，不经过其依法设立的营业场所，直接接受客户委托买卖证券的行为。证券公司及其从业人员，私下接受客户委托买卖证券，经常伴有行贿受贿、内幕交易等违法犯罪行为，弊端很多，危害很大。为此，法律予以禁止。

73 陷入股票陷阱怎么办?

股市有风险，入市须谨慎，在选择咨询服务机构时也应理性，要小心谨慎，擦亮眼睛，不应相信夸大的宣传。根据我国《证券法》第 160 条的规定，会计师事务所、律师事务所以及从事证券投资咨询、资产评估、资信评级、财务顾问、信息技术系统服务的证券服务机构，应当勤勉尽责、恪尽职守，按照相关业务规则为证券的交易及相关活动提供服务。从事证券投资咨询服务业务，应当经国务院证券监督管理机构核准；未经核准，不得为证券的交易及相关活动提供服务。从事其他证券服务业务，应当报国务院证券监督管理机构和国务院有关主管部门备案。我国《刑法》第 225 条将未经国家有关主管部门批准非法从事证券业务定为非法经营罪。

金融证券类的消费者在选择自己的投资咨询机构时，专家建议应选择合格的服务机构，最简单的判断方法就是该机构有没有在主管部门（主要是证监会）备案，信誉是否良好。在此提示广大金融消费者，证券市场是一个风险无处不在的市场，一些承诺高额收益的行为和活动，实际是部分机构和个人，利用股民急于赚钱的心理，诱导投资者，以达到牟取暴利的目的。并非任何人都可从事投资咨询服务，见不得阳光的机构，尤其是带有夸大性、蛊惑性宣传、收费离谱的服务机构，在选择时更要多加慎重。

法院解决民事纠纷时，一方当事人的主张能否得到法院的支持，关键在于有没有支持自己主张的证据。根据我国《民事诉讼法》第67条第1款的规定："当事人对自己提出的主张，有责任提供证据。"有人说"打官司就是打证据"，此话一点不为过，设想一下如果自己的主张没有证据作支撑，如何使法官相信你的主张，即使事实确实像叙述的一样，可没有证据，法官又怎能使对方当事人信服，作出支持你的裁判。案例中股民在选择诉讼方式维护自己的权益时，为能使法院相信自己的主张，有必要向法院提供足够的相关证据。从事金融业务的关键性合同、票据要保留，它是解决纠纷的关键证据。

基金投资

74 什么是基金？

证券投资基金是通过汇集众多投资者的资金，由专业的基金管理公司负责投资于股票和债券等证券，以实现保值增值目的的一种投资工具。

关于基金有必要强调以下几点：

（1）基金不是股票。有的投资人将基金和股票混为一谈，其实不然。一方面，投资者购买基金只是委托基金管理公司从事股票、债券等的投资，而购买股票则成为上市公司的股东。另一方面，基金投资于众多股票，能有效分散风险，收益比较稳定；而单一的股票投资往往不能充分分散风险，因此收益波动较大，风险较大。

（2）基金不同于储蓄。由于开放式基金通过银行代销，许多投资人认为基金同银行存款没太大区别。其实两者有本质的不同：储蓄存款代表商业银行的信用，本金有保证，利率固定，基本不存在风险；而基金投资于证券市场，要承担投资风险。储蓄存款利息收入固定，而投资基金则有机会分享基础股票市场和债券市场上涨带来的收益。

（3）基金不同于债券。债券是约定按期还本付息的债权债务关系凭证。主要投资于股票的基金收益比较不固定，风险也比较高；而只投资于债券的债券基金可以借助组合投资，提高收益的稳定性，并分散风险。

（4）基金是有风险的。投资基金是有风险的，存在亏损的可能性。基金既然投资于证券，就要承担基础股票市场和债券市场的投资风险。当然，在招募说明书中有明确保证本金条款的保本基金除外。此外，当开放式基金出现巨额赎回或者暂停赎回时，持有人将面临变现困难的风险。

（5）基金适合长期投资。因为申购费和赎回费加起来并不低，加之基金净值的波动远远小于股票，因此，基金适合于追求稳定收益和低风险的投资者进行长期投资。

75 封闭式基金与开放式基金有何区别？

封闭式基金指发行总额事先确定，基金规模总数不变、基金上市后投资者通过证券市场(一般是交易所)转让、买卖的基金。开放式基金是发行总额不固定、基金规模随时增减、投资者可以按基金净值在国家规定的营业场所申购和赎回的基金。

开放式基金和封闭式基金的区别有以下几点:(1)基金规模和存续期不同。开放式基金因投资者可随时申购和赎回，故基金规模不固定，也不设定存续期。而封闭式基金规模固定，有存续期规定。(2)交易方式不同。开放式基金类似于保险产品，可通过基金管理公司的投资顾问销售，也可通过银行代理销售。封闭式基金类似于股票，在交易所交易。(3)定价方式不同。虽然两者的价值均是按基金单位核算的资产净值，但是开放式基金价格严格按照单位资产净值计算，而封闭式基金交易价格时常会受到供求因素影响，因此在单位资产净值基础上会有折价和溢价的情形。

投资者在认购封闭式基金的基金份额时，须开设证券交易账户或基金账户，在指定的发行时间内通过证券交易所的各个交易网点以公布的价格和符合规定的申购数量进行申购。如果有效申购总量超过封闭式基金发行总量，则以抽签配号方式决定投资者实际认购量。改制基金的扩募由原基金持有人按照规定比例和价格在规定时间内配售。投资者投资开放式基金时，应先到基金管理公司或其指定的代销机构开设专用基金账户及相应的资金账户；一名投资者只能在一个销售网点开户，且只能开设一个基金账户；投资由不同基金管理公司管理的不同的开放式基金时，应该到不同的基金管理公司或其代理机构分别办理手续。

76 基金份额持有人的权利有哪些?

根据《证券投资基金法》第46条的规定，基金份额持有人享有下列权利:(1)分享基金财产收益;(2)参与分配清算后的剩余基金财产;(3)依法转让或者申请赎回其持有的基金份额;(4)按照规定要求召开基金份额持有人大会或者召集基金份额持有人大会;(5)对基金份额持有人大会审议事项行使表决权;(6)对基金管理人、基金托管人、基金服务机构损害其合法权益的行为依法提起诉讼;(7)基金合同约定的其他权利。此外，公开募集基金的基金份额持有人有权查阅或者复制公开披露的基金信息资料；非公开募集基金的基金份额持有人对涉及自身利益的情况，有权查阅基金的财务会计账簿等财务资料。

77 基金份额持有人大会的程序有哪些?

基金份额持有人大会，是指当发生影响基金当事人权益的事项或其他重大事项，需要商讨和解决时，按照基金合同有关约定召集、召开并由基金份额持有人进行表决的会议。

(1)基金份额持有人大会的召集：根据《证券投资基金法》第83条的规定:“基金份额持有人大会由基金管理人召集。基金份额持有人大会设立日常机构的，由该日常机构召集；该日常机构未召集的，由基金管理人召集。基金管理人未按规定召集或者不能召集时的，由基金托管人召集。代表基金份额百分之十以上的基金份额持有人就同一事项要求召开基金份额持有人大会，而基金份额持有人大会的日常机构、基金管理人、基金托管人都不召集的，代表基金份额百分之十以上的基金份额持有人有权自行召集，并报国务院证券监督管理机构备案。”《证券投资基金法》第 84 条规定：“召开基金份额持有人大会，召集人应当至少提前三十日公告基金份额持有人大会的召开时间、会议形式、审议事项、议事程序和表决方式等事项。基金份额持有人大会不得就未经公告的事项进行表决。”

基金份额持有人大会可以采取现场方式召开，也可以采取通信等方式召开。每一基金份额具有一票表决权，基金份额持有人可以委托代理人出席基金份额持有人大会并行使表决权。

（2）基金份额持有人大会表决事项：根据《证券投资基金法》第 47 条的规定，下列事项应当通过召开基金份额持有人大会审议决定：①修改基金合同的重要内容或提前终止基金合同；②基金扩募或者延长基金合同期限；③调整基金管理人、基金托管人的报酬标准；④更换基金管理人、基金托管人；⑤基金合同约定的其他事项。

基金份额持有人大会应当有代表 1/2 以上基金份额的持有人参加，方可召开；大会就审议事项作出决定，应当经参加大会的基金份额持有人所持表决权的 1/2 以上通过；但是，转换基金运作方式、更换基金管理人或者基金托管人、提前终止基金合同、与其他基金合并，应当经参加大会的基金份额持有人所持表决权的 2/3 以上通过。基金份额持有人大会决定的事项，应当依法报国务院证券监督管理机构核准或者备案，并予以公告。

第三编

劳动就业

劳动者辛勤的劳动创造了社会财富，也创造了我们今天的幸福生活，在享受他们劳动成果的同时，我们每个人也都作为劳动者默默地奉献着。我们作为与用人单位相对的劳动者，为了在劳动就业的过程中更好地维护自身的合法权益，避免受到用人单位的侵害，就需要了解一些基本的法律知识。本编将就劳动合同的相关规定及有关工伤保险的法律问题进行介绍。

劳动合同篇

劳动是每个公民的基本权利，也是每个公民的光荣义务。劳动者与用人单位之间的权利义务关系是由劳动合同约定的，但是因为劳动合同区别于当事人自愿签订的其他合同，一方面，劳动合同关系到劳动者的基本权利，如获得劳动报酬、休息休假、保障劳动安全等；另一方面，劳动合同双方的地位并不平等，与用人单位相比，劳动者属于弱势群体，权利相对容易受到侵犯。因此，法律对劳动合同的内容和形式都作出了限制性规定。

签好就业这份约

经过十多年的学校生活，7 月，毕业生就要走出校园，寻找一份合适的工作，开始新的人生。人生的第一份工作，往往关系到很长一段时间内的生活状态，所以择业就成为众多毕业生所面临的头等大事。在就业的过程中了解自己的权利义务，用法律为自己就业铺平道路，对毕业学生来说是非常重要的。

由于就业形势的严峻，高校毕业生在来之不易的工作机会面前既要懂得好好把握，又要谨慎行事，签好人生中最重要的这份就业合同。

1 就业协议＝劳动合同？

随着我国教育制度改革的深入，“契约（合同）式”就业模式将是今后学生就业的主要方式。目前，高校使用的就业协议书是由教育部高校学生司统一制定的，由学校、毕业生、用人单位三方共同签署后生效，是学校制订就业方案、用人单位申请用人指标的主要依据，对签约的三方都有约束力。

签约的一般程序为：毕业生持用人单位的接收函到院系领取教育部就业协议书，先由毕业生、院系在协议书上签署意见后交用人单位，由用人单位签署意见后再交给学校，学校签字后协议书生效。如果任何一方违反就业协议，可以按照就业协议的规定追究违约方的法律责任。

劳动合同与就业协议的法律性质不同，它可以对劳动内容和法律未尽事宜作出详细、具体的规定；在发生劳动争议时也是解决纠纷的重要证据。求职者应当向用人单位提出签订劳动合同，如果用人单位执意不签，则可以向用人单位所在地的区、县劳动局的劳动监察科投诉；如果用人单位就此或以后因此而辞退求职者，则可以向区、县劳动争议仲裁委员会提请仲裁，要求用人单位赔偿损失。

2 “试用期”是什么？

何谓试用期？根据劳动部印发《关于贯彻执行〈中华人民共和国劳动法〉若干问题的意见》第19条的规定，试用期是用人单位和劳动者为相互了解、选择而约定的不超过六个月的考察期。《劳动合同法》第19条规定：“劳动合同期限三个月以上不满一年的，试用期不得超过一个月；劳动合同期限一年以上不满三年的，试用期不得超过二个月；三年以上固定期限和无固定期限的劳动合同，试用期不得超过六个月。同一用人单位与同一劳动者只能约定一次试用期。以完成一定工作任务为期限的劳动合同或者劳动合同期限不满三个月的，不得约定试用期。试用期包含在劳动合同期限内。劳动合同仅约定试用期的，试用期不成立，该期限为劳动合同期限。”第20条规定：“劳动者在试用期的工资不得低于本单位相同岗位最低档工资或者劳动合同约定工资的百分之八十，并不得低于用人单位所在地的最低工资标准。”第21条规定：“在试用期中，除劳动者有本法第三十九条和第四十条第一项、第二项规定的情形外，用人单位不得解除劳动合同。用人单位在试用期解除劳动合同的，应当向劳动者说明理由。”

另外，为了不给招聘方以不聘用的借口，求职者要注意做好如下几个方面的工作：在应聘时要了解清楚招聘职位的要求，完整的录用条件；在试用期内要注意在工作中随时按录用条件来要求自己，接受考核；如被告知不符合录用条件时，要及时要求人事部门出具能证明本人不符合录用条件的证据，以便维护自己的合法权益。

3 劳动合同要明确哪些内容?

劳动合同是劳动者与用人单位确立劳动关系、明确双方权利和义务的协议，应该包括劳动合同期限、工作内容、劳动保护和劳动条件、劳动报酬、劳动合同终止的条件、违反劳动合同的责任等内容。

（1）工资：用人单位对于国家规定的各种税、费（如个人所得税等）有权在职工工资中扣除。故用人单位向劳动者承诺薪金时，劳动者应向用人单位认真了解薪金所包括的内容及各种扣费理由，合法的接受，不合法的有权拒绝。

（2）社会保险：主要包括养老保险、失业保险、医疗保险、工伤保险和生育保险。同时效益好的企业还可发给劳动者补充养老保险，也叫企业年金。

（3）工作时间：国家法定工作时间为八小时工作制，对于用人单位延长工作时间的，用人单位要按照《劳动法》第 44 条的规定支付工资：①安排劳动者延长工作时间的，支付不低于工资的 150% 的工资报酬；②休息日安排劳动者工作又不能安排补休的，支付不低于工资的 200% 的工资报酬；③法定休假日安排劳动者工作的，支付不低于工资的 300% 的工资报酬。

（4）职业培训：对于大家关心的各种职业培训，如岗前培训、在岗培训、脱岗培训、公派出国等职业培训，法律并未规定用人单位有此义务。这要视劳动者的工作性质及工作情况，由用人单位与劳动者协商决定。

4 用人单位不签劳动合同怎么办?

很多情况下，用人单位为了逃避法律责任，加之劳动者欠缺法律意识，用人单位与劳动者往往不签订劳动合同。一旦发生解雇、工伤等意外情况，劳动者的合法权益往往得不到保护。

· 案例回放

张某于2012年2月进入某塑料制品厂工作，双方签订了2016年1月至2016年12月的劳动合同。合同到期后，因某塑料制品厂的联营方对联营的期限没有确定，故双方未续签书面劳动合同，但一直维持着劳动关系。2017年11月1日，某塑料制品厂的联营方决定至当年年底不再继续联营。于是，2018年3月31日双方终止劳动关系，张某向劳动仲裁委员会请求某塑料制品厂支付其2018年2月、3月的双倍工资并获支持，某塑料制品厂不同意支付，遂诉至法院。

法院认为,《劳动合同法》规定用人单位自用工之日起超过 1 个月不满 1 年未与劳动者订立书面劳动合同的，应当向劳动者每月支付双倍的工资，故对某塑料制品厂的主张不予支持。

用人单位与劳动者签订劳动合同不仅是对用人单位的保护，更重要的是保护了相对弱势的劳动者，给劳动者以法律上的保护。用人单位拒绝与劳动者签订劳动合同以逃避义务的做法应受到法律的惩罚，即用人单位承担支付双倍工资的法律责任。

5 用人单位能否收取劳动者保证金？

· 案例回放

曹某到某家电有限公司工作。公司与曹某签订了一份合同《在日本研修、实习条件》，约定由公司派曹某去日本研修实习，但曹某需交一定的保证金，若曹某研修回国后不在公司工作，将没收保证金。之后，曹某返回中国，但一直未回公司上班。同年，曹某申请劳动仲裁，仲裁委裁决公司应退回保证金。公司不服该裁决，请求法院判令公司无须退回保证金。曹某辩称，公司派遣我去日本研修实习，实质上是以劳务输出来获取高额利润，严重损害中国劳工合法权益；收取我的是“保证金”，并非违约金，收取保证金的行为违反《劳动合同法》及相关规定。

法院认为，某家电有限公司与曹某签订的《在日本研修、实习条件》协议，是双方真实意思表示，但约定的“保证金”条款不符合《劳动合同法》第9条“用人单位招用劳动者，不得扣押劳动者的居民身份证和其他证件，不得要求劳动者提供担保或者以其他名义向劳动者收取财物”的规定，该合同条款不具有约束力。

综上所述，用人单位不能以任何形式收取劳动者保证金。用人单位不管以什么形式、什么方式收取劳动者财物都是违反法律规定的，劳动者应用法律武器维护自己的合法权益。

作为用人单位应当通过加强内部管理，以企业文化、合理的薪酬结构、职业前景和培训安排等合理、有效的方式留住员工，而不是以收取保证金、扣押相关证件等不合法行为限制员工“跳槽”。

劳动合同的解除

一般而言，劳动者与用人单位签订劳动合同以后，双方都应当按照合同约定履行各自的义务。但是当用人单位存在未按照劳动合同约定支付劳动报酬或者提供劳动条件等情况时，法律赋予了劳动者随时通知用人单位解除劳动合同的权利。此外，劳动者在试用期内也可以随时通知用人单位解除劳动合同。

6 劳动合同解除的方式有哪些？

（1）协商一致解除

《劳动合同法》第36条规定："用人单位与劳动者协商一致，可以解除劳动合同。"

（2）劳动者解除劳动合同的情形

《劳动合同法》第38条规定，用人单位有下列情形之一的，劳动者可以解除劳动合同：①未按照劳动合同约定提供劳动保护或者劳动条件的；②未及时足额支付劳动报酬的；③未依法为劳动者缴纳社会保险费的；④用人单位的规章制度违反法律、法规的规定，损害劳动者权益的；⑤因本法第26条第1款规定的情形致使劳动合同无效的；⑥法律、行政法规规定劳动者可以解除劳动合同的其他情形。用人单位以暴力、威胁或者非法限制人身自由的手段强迫劳动者劳动的，或者用人单位违章指挥、强令冒险作业危及劳动者人身安全的，劳动者可以立即解除劳动合同，不需事先告知用人单位。

除此以外，劳动者提前30日以书面形式通知用人单位，可以解除劳动合同。劳动者在试用期内提前3日通知用人单位，可以解除劳动合同。

（3）用人单位解除劳动合同的情形

由于用人单位在和劳动者正式建立劳动关系之前，难免存在了解不够充分的情况。因此，法律在保护劳动者权益的同时，也赋予了用人单位一定的合理权利。

根据《劳动法》第26条、《劳动合同法》第39条的规定，当出现下列任一情况时，用人单位可以解除劳动合同：

①劳动者患病或者非因工负伤，医疗期满后，不能从事原工作也不能从事由用人单位另行安排的工作的；

②劳动者不能胜任工作，经过培训或者调整工作岗位，仍不能胜任工作的；

③劳动合同订立时所依据的客观情况发生重大变化，致使原劳动合同无法履行，经当事人协商不能就变更劳动合同达成协议的；

④在试用期间被证明不符合录用条件的；

⑤严重违反用人单位的规章制度的；

⑥严重失职，营私舞弊，给用人单位造成重大损害的；

⑦劳动者同时与其他用人单位建立劳动关系，对完成本单位的工作任务造成严重影响，或者经用人单位提出，拒不改正的；

⑧因劳动者以欺诈、胁迫的手段或者乘人之危，使用人单位在违背真实意思的情况下订立或有变更劳动合同，致使劳动合同无效的；

⑨被依法追究刑事责任的。

同时，《劳动合同法》第43条规定了：“用人单位单方解除劳动合同，应当事先将理由通知工会。用人单位违反法律、行政法规规定或者劳动合同约定的，工会有权要求用人单位纠正。用人单位应当研究工会的意见，并将处理结果书面通知工会。”

7 禁止解除劳动合同的情形有哪些？

为了保护处于特殊阶段和情况下的劳动者的合法权益。根据《劳动法》第29条的规定，劳动者有下列情形之一的，用人单位不得依据该法第26条、第27条的规定解除劳动合同：

（1）患职业病或者因工负伤并被确认丧失或者部分丧失劳动能力的；

（2）患病或者负伤，在规定的医疗期内的；

（3）女职工在孕期、产期、哺乳期内的；

（4）法律、行政法规规定的其他情形。

《劳动合同法》第42条规定，劳动者有下列情形之一的，用人单

位不得依照该法第 40 条、第 41 条的规定解除劳动合同：

（1）从事接触职业病危害作业的劳动者未进行离岗前职业健康检查，或者疑似职业病病人在诊断或者医学观察期间的；

（2）在本单位患职业病或者因工负伤并被确认丧失或者部分丧失劳动能力的；

（3）患病或者非因工负伤，在规定的医疗期内的；

（4）女职工在孕期、产期、哺乳期的；

（5）在本单位连续工作满15年，且距法定退休年龄不足5年的；

（6）法律、行政法规规定的其他情形。

· 案例回放

朱某是某大学机械制造与工艺系的高材生。毕业后，与某机械制造公司签订了劳动合同，工作后一直很努力，多次参与自动化生产线专机设计，受到广泛好评。朱某结婚后不久怀孕，因妊娠反应强烈，上班迟到的现象时有发生，在上班时间有时也精力不集中，特别是在专机设计时，还出现了技术错误。公司认为，朱某享受的是高薪，现不能胜任其工作，于是当即“炒”了朱某。此时，朱某已怀孕 7 个月。朱某不服，申请仲裁。案例中朱某所在公司解除朱某劳动合同的情形在生活中是经常碰到的。公司是否能解除与朱某的劳动合同呢？

根据《劳动法》第 29 条第 3 项、《劳动合同法》第 42 条第 4 项的规定，女职工在孕期、产期、哺乳期内的，用人单位不得解除劳动合同。可见法律对女职工的权益作出了特殊的保护，即使朱某因怀孕而暂不能承担设计工作，根据《劳动法》《劳动合同法》的规定，在其怀孕期间，单位也是不能解除其劳动合同的。

工资篇

劳动者为用人单位提供劳动，用人单位向劳动者支付的劳动报酬即工资。虽然工资的多少是由劳动者与用人单位之间签订的劳动合同约定的，但是为了保障劳动者的基本生活，法律又规定了最低工资标准。那么最低工资标准是如何确定的？当用人单位支付的工资低于最低工资标准，甚至以各种理由拖欠工资时，我们又该如何维权呢？本篇将介绍有关最低工资的法律知识，并对劳动者如何应对拖欠工资现象提出建议。

最低工资规定

· 案例回放

某年，于某所在的班组对其单位的任务实行承包，规定完成任务即保证最低工资，超额完成则奖励，完不成任务即按比例支付工资。于某所在的班组年底没有完成承包任务，单位便以此为由仅发给于某不足300元的工资。于某不服，便将所在单位告到劳动仲裁处，请求补足最低工资并支付25%的经济补偿金。单位以于某所在班组完不成承包任务为由支付于某的工资低于最低工资显然是违法的。劳动仲裁处责令该单位按其所在地区标准补发于某低于最低工资部分的工资，并加发低于部分25%的经济补偿金。最低工资，通俗一点说就是保底收入，该保底收入具有国家强制性，即只要按时出勤，符合用工条件的，收入水平就不能低于这个数额。但是，很多劳动者并不知道这一规定，劳动过程中其权益往往被侵犯了。

8 什么是最低工资标准?

根据《最低工资规定》第 3 条的规定，最低工资标准，是指劳动者在法定工作时间内或依法签订的劳动合同约定的工作时间内提供了正常劳动的前提下，用人单位依法应支付的最低劳动报酬。本规定所称正常劳动，是指劳动者按依法签订的劳动合同约定，在法定工作时间或劳动合同约定的工作时间内从事的劳动。劳动者依法享受带薪年休假、探亲假、婚丧假、生育（产）假、节育手术假等国家规定的假期间，以及法定工作时间内依法参加社会活动期间，视为提供了正常劳动。

在我国，执行最低工资标准的单位包括：在中华人民共和国境内的企业、民办非企业单位、有雇工的个体工商户（统称用人单位）。国家机关、事业单位、社会团体和与之建立劳动合同关系的劳动者，也依照该规定执行。因此可以说，绝大多数单位都应当按照此规定执行。

但是，并不是所有的收入都执行这一标准。《最低工资规定》第 12 条规定：“在劳动者提供正常劳动的情况下，用人单位应支付给劳动者的工资在剔除下列各项以后，不得低于当地最低工资标准：（一）延长工作时间工资；（二）中班、夜班、高温、低温、井下、有毒有害等特殊工作环境、条件下的津贴；（三）法律、法规和国家规定的劳动者福利待遇等。实行计件工资或提成工资等工资形式的用人单位，在科学合理的劳动定额基础上，其支付劳动者的工资不得低于相应的最低工资标准。劳动者由于本人原因造成在法定工作时间内或依法签订的劳动合同约定的工作时间内未提供正常劳动的，不适用于本条规定。”

9 最低工资是一成不变、全国统一的吗？

依据《最低工资规定》第 10 条的规定，最低工资标准发布实施后，并非一成不变，如果当地的就业者及其赡养人口的最低生活费用、城镇居民消费价格指数、职工个人缴纳的社会保险费和住房公积金、职工平均工资、经济发展水平、就业状况等相关因素发生变化，最低工资标准也应当适时调整。最低工资标准至少每两年调整一次。因此，劳动者应当密切关注当地新闻，在调整本地最低工资标准后就要结合所在企业的发放标准，考虑是否需要维护自身权益了。

我国省、自治区、直辖市范围内的不同行政区域可以有不同的最低工资标准。确定和调整小时最低工资标准，应在颁布的月最低工资标准的基础上，考虑单位应缴纳的基本养老保险费和基本医疗保险费等因素，同时还应适当考虑非全日制劳动者在工作稳定性、劳动条件和劳动强度、福利等方面与全日制就业人员之间的差异。

因此，当您发现远方的朋友、亲属与您的最低工资不一致时，并不需要吃惊。最低工资标准是根据我国的地方经济发展水平和物价水平来制定的，具有很强的地域色彩。

10 发现违反最低工资标准的情况怎么办？

《最低工资规定》第13条明确规定："用人单位违反本规定第十一条规定的，由劳动保障行政部门责令其限期改正；违反本规定第十二条规定的，由劳动保障行政部门责令其限期补发所欠劳动者工资，并可责令其按所欠工资的1至5倍支付劳动者赔偿金。"

此外，如果劳动者与用人单位之间就执行最低工资标准发生争议，按劳动争议处理，也可向工会组织或县级以上地方人民政府劳动保障行政部门反映，要求监督检查和处理。

11 因未达到最低工资而解除劳动合同，能否要求赔偿？

如果用人单位支付劳动者的工资低于当地最低工资标准，劳动者以此为由提出解除劳动合同时，能否要求用人单位支付经济补偿金呢？《最高人民法院关于审理劳动争议案件适用法律问题的解释（一）》第45条规定："用人单位有下列情形之一，迫使劳动者提出解除劳动合同的，用人单位应当支付劳动者的劳动报酬和经济补偿，并可支付赔偿金：（一）以暴力、威胁或者非法限制人身自由的手段强迫劳动的；（二）未按照劳动合同约定支付劳动报酬或者提供劳动条件的；（三）克扣或者无故拖欠劳动者工资的；（四）拒不支付劳动者延长工作时间工资报酬的；（五）低于当地最低工资标准支付劳动者工资的。”

根据上述规定，虽然解除劳动合同是由劳动者提出的，但责任在用人单位，用人单位应当支付劳动者劳动报酬和经济补偿，并可支付赔偿金。

总之，劳动者先要充分了解当地的最低工资的水平，再结合自己的实际情况来考量自己的薪酬问题。当发现自己的合法权益被侵害时，要学会运用法律武器，为自己讨回一个公道。

小心拖欠工资的陷阱

拖欠工资的现象在我国依然偶有存在，尤其是建筑、餐饮、制衣、制鞋等劳动密集型企业。这些行业的劳动者尤其需要注意保护自己的合法权益，让自己的汗水和辛勤劳动换回实际的收益。

· 案例回放

某市劳动保障监察支队接到许某投诉，称市区某装饰材料公司拖欠其工钱7500元。经调查查明，许某等13名民工承揽了一家医院病房楼墙板的安装工作，该工程由建筑装饰材料公司与医院签订施工合同，因医院拒绝支付10万元工程款，致使装饰公司无法按期支付民工工资。最终，劳动保障监察局认定许某等与装饰材料公司形成事实劳动关系，该公司应当支付工资。该市劳动和社会保障局下达了限期改正指令书，要求该公司限期支付拖欠工资7500元。

劳资纠纷已经成为目前经济生活中经常发生的事件，尤其是每年年底，都会发生大量拖欠工资、福利、奖金的案件。由于我国用人单位的法律意识参差不齐，劳动者就更应当注意某些单位惯用的拖欠工资的伎俩，以免自身权益受损。

12 拖欠工资手段有哪些？

拖欠工资的形式各异，但最终目的都是不给钱或者少给钱，至于手段，有的很容易发觉，有的却比较隐晦。劳动者应当特别关注用工单位的这些伎俩，提前给自己撑起法律的保护伞。

骗局 1：“年底给钱是行规”

建筑行业似乎有个不成文的规矩，包工头们每月只发给劳动者 100 元至 200 元的基本生活费，并承诺年底一并发给他们“一大笔过年钱”。包工头们搪塞的理由都是：“干这行大家都是这么做的，我不能破了规矩。”可是到了年底，劳动者们有可能是空等一场。

骗局 2：“部分工资明年发”

有的建筑工地承包方就算是年底兑现劳动者工资，也往往只发全年工资的 80%，克扣部分工资的理由是“明年再给”。为了明年继续有活干，不少劳动者只得忍气吞声。

骗局 3：“我和你们一样难”

不少建筑工地的包工头们借口拿不到工程款，而不发给劳动者工资，并冠冕堂皇地说：“开发商不给我钱，我就没钱给你们，我也难啊！”

骗局 4：口头协议成赖账

家庭装修行业中，口头协议非常普遍，劳动者与包工头往往口头商议好价钱，但经常以施工质量不满意为借口而赖账，导致劳动者得不到应得的酬劳。由于这种拖欠的主体是个人对个人，多是口头协议，属民事纠纷，多数需要到法院去解决。

骗局5：濒临倒闭没有钱

有些老板的生意经营不下去了，就欠着员工的工资不发。这种拖欠情况一般发生在餐饮、服装、家具、生产制造等行业，拖欠数额不大，但屡见不鲜。

骗局6：人走茶凉不给钱

当劳动者炒老板鱿鱼时，老板经常借口影响生意而拖欠工资不给。由于目前餐饮业、娱乐业、服务业的用工流动性较大，劳动者一般都没有与老板签订劳动合同，所以临走被拖欠工资也很难解决。

骗局7：找个借口少给钱

当劳动者违反内部纪律或损坏机器设备时，老板就借机以惩罚或赔偿为理由拖欠工资不发。其实，这是一种变相克扣工资的方式，劳动者违纪或损坏设备，用工方可以采取相应措施，但以此拖欠工资没有任何道理。

13 单位拖欠工资如何应对？

针对以上七种拖欠工资的主要方式，在此给劳动者们一些建议。

找工作时，您要先打听清楚这家公司有没有拖欠工资的先例，好把“危险”降低到最小程度。上班后，您一定要和公司签订劳动合同，有“白纸黑字”为证，问题就比较容易解决。如果没有签订劳动合同，也不要觉得自己就得不到法律保护，因为我国劳动法承认事实劳动关系，也就是说即使没有签订劳动合同，但只要劳动者确实为该单位工作，法律仍是予以保护劳动者的。另外，在发工资时，您一定要记得索要工资单，发生拖欠时好有凭证。

《劳动法》第 50 条规定："工资应当以货币形式按月支付给劳动者本人。不得克扣或者无故拖欠劳动者的工资。"第 91 条规定："用人单位有下列侵害劳动者合法权益情形之一的，由劳动行政部门责令支付劳动者的工资报酬、经济补偿，并可以责令支付赔偿金：（一）克扣或者无故拖欠劳动者工资的；（二）拒不支付劳动者延长工作时间工资报酬的；（三）低于当地最低工资标准支付劳动者工资的；（四）解除劳动合同后，未依照本法规定给予劳动者经济补偿的。"根据《劳动合同法》第 85 条的规定，用人单位未按照劳动合同的约定或者国家规定及时足额支付劳动者劳动报酬的，由劳动行政部门责令限期支付劳动报酬；逾期不支付的，责令用人单位按应付金额百分之五十以上百分之一百以下的标准向劳动者加付赔偿金。

如果劳动者不幸被用人单位拖欠工资了，一定要及时向当地的劳动监察和劳动仲裁部门举报。在申请劳动仲裁时要注意时效。在平常工作时，您要注意收集一些能够证明自己与单位发生用工关系的凭证，如《外来人员就业证》、劳动合同、工资欠条、工资发放表、考勤表等，用来提高自己的胜诉率。针对各种具体情况，劳动者最好先拨打 12333 热线向劳动部门进行咨询。

劳动保护篇

工伤保险是社会保障体系的重要组成部分，为劳动者提供工伤保险也是每个用人单位应尽的义务。劳动者在工作的过程中难免会因各种原因受到伤害，我们都知道劳动者因工负伤可以享受工伤保险待遇，那么，究竟哪些伤害属于工伤的范畴？劳动者受到工伤可以享受哪些待遇？当劳动者在工伤保险之外又投保了商业保险时，应该如何索赔？关于工伤保险问题，我们有必要了解法律的相关规定。

工伤认定与求偿

人类的伟大就在于会利用并制造工具，尤其是进入现代社会以后，我们创造了大量的机械来帮助自己工作，用这些机械去做人们做起来比较困难和危险的事。同时，我们为了满足自己生活的需要，也要生产各种各样的商品，这些商品大多数是通过一条条流水线生产出来的。科技制造出来的机械是一把双刃剑，它不仅可以给我们带来舒适、多样的生活，也会给我们带来一些麻烦，甚至灾难，如污染、噪音、还有对人的伤害，在流水线上工作的人们稍有不慎就会被这些庞大的机械所伤害。这种伤害，就是人们经常说的工伤事故。不仅如此，工伤事故还包括企业职工在生产岗位上，从事与生产劳动有关，或由于劳动条件、作业环境所致的人身伤害事故和职业病。工伤可以说是为企业、为雇主而伤，所以法律对此作出了不同于一般的身体伤害的规定。

14 哪些可以认定为工伤?

职工们可不要把自己所有的因工作所致的伤亡都认为是工伤，关于认定工伤的问题，法律上有着明确的规定。

《工伤保险条例》第14条规定:“职工有下列情形之一的，应当认定为工伤:(一)在工作时间和工作场所内，因工作原因受到事故伤害的;(二)工作时间前后在工作场所内，从事与工作有关的预备性或者收尾性工作受到事故伤害的;(三)在工作时间和工作场所内，因履行工作职责受到暴力等意外伤害的;(四)患职业病的;(五)因工外出期间，由于工作原因受到伤害或者发生事故下落不明的;(六)在上下班途中，受到非本人主要责任的交通事故或者城市轨道交通、客运轮渡、火车事故伤害的;(七)法律、行政法规规定应当认定为工伤的其他情形。”

这里要说明的是第五项：司机因公外出造成交通事故，未构成交通肇事罪，也不属于自杀、酗酒、蓄意制造交通事故的，也应认定为工伤。实践中有时会有职工提前上班开启机器而造成损害的情况，这也是工伤的一种，大家不要忘记索赔。同时，除了上面之外的一些其他情况也被视同为工伤。

《工伤保险条例》第15条规定:“职工有下列情形之一的，视同工伤:(一)在工作时间和工作岗位，突发疾病死亡或者在48小时之内经抢救无效死亡的;(二)在抢险救灾等维护国家利益、公共利益活动中受到伤害的;(三)职工原在军队服役，因战、因公负伤致残，已取得革命伤残军人证，到用人单位后旧伤复发的。职工有前款第(一)项、第(二)项情形的，按照本条例的有关规定享受工伤保险待遇;职工有前款第(三)项情形的，按照本条例的有关规定享受除一次性伤残补助金以外的工伤保险待遇。”

如果大家遇到这些情况，也要记得获取相应的赔偿或者补偿。另外，在一些情况下，是不能认定为工伤的。这些情况大都是由于劳动者自己的故意或者违反法律、法规造成的，这样的话职工就不会享受到工伤待遇了。

《工伤保险条例》第16条及《社会保险法》第37条规定了不认定为工伤的情形:(1)故意犯罪的;(2)醉酒或者吸毒的;(3)自残或者自杀的;(4)法律、行政法规规定的其他情形。

15 不是在上下班必经路线发生车祸还能算工伤吗?

·案例回放

何某是济南某制药公司的一名药品研发人员，其与单位签订了合法有效的劳动合同。何某住在距单位约5公里的某小区。何某每天自行驾车上班。某日，何某和往常一样开车上班，在驶向文化路口时发生堵车现象，为了按时到单位，何某调转车头，改换另一条路线去单位。就是在改换路线去单位的路上，发生了交通事故，何某因此而受伤。事后，单位以不是在上班必经路线发生车祸而受伤为由，拒绝为其进行工伤认定申请。单位的说法能站得住脚吗？不是在上班必经路线发生车祸受伤就不能认定为工伤吗？

何谓“上下班途中”，法律上对于“上下班途中”是否有路线的限制？本案中的何某是在因堵车临时改换上下班路线的途中发生车祸而受伤的，那么，在这种情况下究竟该如何适用法律？

（1）“上下班途中”应是往返于单位和住处的合理路径

“上班途中”顾名思义是指在去往工作单位的路途之中，进一步说，也就是为了到达工作单位进行工作而经过的路程。我们认为，理解这里的“上班途中”应当以有利于保障工伤事故受害者的利益为根本出发点，对何为“上班途中”作出正确的解释。“职工在上下班途中”系指职工从居住住所到工作区域之间的往返路途。因此，“上班途中”，原则上应是职工为了上班而往于住处和工作单位之间的合理路径之中。

但是，在日常生活中，职工上下班的路径并非一成不变的，而是存在多种路径的选择，用人单位没有权利对职工的上下班路径作出特定要求，更不能以其选定的路径作为认定工伤的依据。我们认为，只要是职工为上班而往于住处和工作单位之间的合理路径，都属于此处的“上班途中”。至于这条路径是否距离最近，是否是通往单位的必经之路，均不影响对“上班途中”的认定。

本案中的何某是在从居住住所到工作区域之间路途中，因发生堵车现象，为按时到单位，才改换另一条路线的。何某改换的路线应是职工为上班而往于住处和工作单位之间的合理路径。

（2）对于“上下班途中”的认定，还应辅以当事人主观目的

《工伤保险条例》第14条第6项规定的“上下班途中”本身含有对职工主观目的的要求，也就是说，职工是“为上下班”而往返于住处和工作单位之间的合理路径之中。虽然是在职工住处和工作单位之间的合理路径之中发生交通事故，但如有证据表明职工不是为了去单位上班，而是接送孩子或从事私人事务，这样就不能根据条例第14条第6项之规定认定为工伤。因此，我们认为，在对何为“上下班途中”作出解释时，除对上下班路程作客观分析外，还应注重对劳动者主观目的的分析，并以此为基础确定行为性质是否为“上下班”。本案中的何某是为按时到单位才临时改换路线的，其改换路线也是为了去单位上班，所以，何某符合关于“上下班途中”认定的主观要求。

综上，何某是为按时上班，而在往返于住处和工作单位之间的合理路径中，发生机动车事故而受到伤害的，其受伤事故符合《工伤保险条例》第14条第6项关于“在上下班途中，受到非本人主要责任的交通事故或者城市轨道交通、客运轮渡、火车事故伤害的”应当认定为工伤的规定。何某的上班路线虽不是必经路线，但属合理路线，其伤害可以据此认定为工伤。

上下班途中发生车祸而受到伤害，应当认定为工伤。这里的“上下班途中”并不要求是往返于单位和住处的必经之路。只要是职工为上下班而往返于住处和工作单位之间的合理路径，均属于此处的“上下班途中”。

16 “工伤概不负责”合法吗?

职工与用人单位签订劳动合同时要注意一些条款是违法的。比如，一些单位的劳动合同中有着这样一些内容：“本单位对工伤概不负责。”法律既然规定了工伤保险制度，就是为了保障劳动者的切身权益。《工伤保险条例》第 62 条第 2 款规定：“依照本条例规定应当参加工伤保险而未参加工伤保险的用人单位职工发生工伤的，由该用人单位按照本条例规定的工伤保险待遇项目和标准支付费用。”

如果劳动者没有签订劳动合同，用人单位是否依然对工伤负责呢？这里，即使像有些农民工一样没有与用人单位签订劳动合同，用人单位依然要负责劳动者的工伤赔偿，因为依据劳动法律的规定，只要存在事实劳动关系，用人单位就要负责劳动者的工伤赔偿。

17 因工受伤，用人单位可否“过河拆桥”？

劳动者在负工伤以后，如果不能胜任原工作怎么办？是不是企业就可以辞掉劳动者了呢？

· 案例回放

马某于甲公司工作，双方签订劳动合同期限为3年。某日上午，甲公司举办某活动，在现场工作中马某因事故受伤。有关部门认定马某受伤为工伤，后经专业部门鉴定委员会鉴定工伤等级为八级。后来，在甲公司与马某合同期满前一个月，甲公司以书面形式通知马某双方不再履行劳动合同，其理由是甲公司已一次性补偿马某的各种损失，甲公司不应再承担任何义务，包括双方继续履行劳动合同。马某在接到终止劳动合同通知后，以自己在工伤期间甲公司无权终止劳动合同为由要求甲公司继续履行劳动合同。

法院认为，甲公司与马某之间签订的劳动合同合法有效。甲公司虽已就工伤对马某给予了一次性赔偿，但甲公司与马某之间没有就劳动关系的问题予以协商。同时，根据我国法律规定，职工在工伤期间，用人单位不得与其解除劳动关系。据此，法院判决支持了马某的诉讼请求。

根据《劳动合同法》第 42 条的规定，劳动者患病或者非因工负伤，在规定的医疗期内的，用人单位不得依照无过失性辞退、经济性裁员的规定解除劳动合同。

18 确定工伤之后可以马上就索赔吗？

被确定工伤以后，大家不要忘了一件事情，那就是去做劳动能力鉴定。劳动能力鉴定是指劳动功能障碍程度和生活自理障碍程度的等级鉴定，是在经治疗身体情况稳定以后要做的事情。劳动功能障碍分为十个伤残等级，最重的为一级，最轻的为十级。生活自理障碍分为三个等级：生活完全不能自理、生活大部分不能自理和生活部分不能自理。具体能不能享受到工伤待遇、享受到怎样的工伤待遇，就得看劳动能力鉴定的结果了，法律对于不同的级别规定了不同的待遇标准。

劳动能力鉴定由用人单位、工伤职工或者其直系亲属向设区的市级劳动能力鉴定委员会提出申请，并提供工伤认定决定和职工工伤医疗的有关资料。

工伤待遇要依法确定

前一篇说了那么多就是为了这篇做必要的准备，设立工伤制度的目的就是要给予工伤致残、致死者应有的待遇。灾难的发生也许谁都无法预料，但是对于灾难的受害者我们却不可以视而不见。法律为此设立了工伤保险制度，这是一个旨在保障发生工伤的劳动者及其家人基本生活的制度。工伤保险是国家或企业在劳动者因工作而负伤、致残、死亡时，给劳动者本人及其供养的直系亲属提供物质帮助的一种社会保险制度。我国劳动法规定，用人单位和劳动者必须依法参加工伤保险，使劳动者在工伤情况下获得帮助和补偿。实际上我们所说的工伤待遇问题就是这个工伤保险的问题。

19 工伤员工治疗期间享受哪些待遇？

职工在遭受工伤以后，在接受工伤医疗时工作一般都是暂停的，这时劳动者原工资福利待遇不变，由所在单位按月支付。这就是法律上所谓的停工留薪期。停工留薪期一般不超过12个月。伤情严重或者情况特殊的，经设区的市级劳动能力鉴定委员会确认，可以适当延长，但延长不得超过12个月。工伤职工评定伤残等级后，停发原待遇，按照有关规定享受伤残待遇。工伤职工在停工留薪期满后仍需治疗的，继续享受工伤医疗待遇。

另外，工伤职工在治疗期间很多是需要护理的。生活不能自理的工伤职工在停工留薪期需要护理的，由所在单位负责。工伤职工已经评定伤残等级并经劳动能力鉴定委员会确认需要生活护理的，从工伤保险基金中按月支付生活护理费。生活护理费按照生活完全不能自理、生活大部分不能自理或者生活部分不能自理三个不同等级支付，其标准分别为统筹地区上年度职工月平均工资的50%、40%或者30%。

20 伤残等级待遇有何不同？

《工伤保险条例》第35条至第37条规定了一系列具体的工伤待

遇标准，大家可以据此来评定工伤人员应该享受怎样的待遇。

职工因工致残被鉴定为一级至四级伤残的，保留劳动关系，退出工作岗位，享受以下待遇：（1）从工伤保险基金按伤残等级支付一次性伤残补助金，标准为：一级伤残为27个月的本人工资，二级伤残为25个月的本人工资，三级伤残为23个月的本人工资，四级伤残为21个月的本人工资；（2）从工伤保险基金按月支付伤残津贴，标准为：一级伤残为本人工资的90%，二级伤残为本人工资的85%，三级伤残为本人工资的80%，四级伤残为本人工资的75%。伤残津贴实际金额低于当地最低工资标准的，由工伤保险基金补足差额；（3）工伤职工达到退休年龄并办理退休手续后，停发伤残津贴，按照国家有关规定享受基本养老保险待遇。基本养老保险待遇低于伤残津贴的，由工伤保险基金补足差额。职工因工致残被鉴定为一级至四级伤残的，由用人单位和职工个人以伤残津贴为基数，缴纳基本医疗保险费。

职工因工致残被鉴定为五级、六级伤残的，享受以下待遇：（1）从工伤保险基金按伤残等级支付一次性伤残补助金，标准为：五级伤残为18个月的本人工资，六级伤残为16个月的本人工资；（2）保留与用人单位的劳动关系，由用人单位安排适当工作。难以安排工作的，由用人单位按月发给伤残津贴，标准为：五级伤残为本人工资的70%，六级伤残为本人工资的60%，并由用人单位按照规定为其缴纳应缴纳的各项社会保险费。伤残津贴实际金额低于当地最低工资标准的，由用人单位补足差额。经工伤职工本人提出，该职工可以与用人单位解除或者终止劳动关系，由工伤保险基金支付一次性工伤医疗补助金，由用人单位支付一次性伤残就业补助金。一次性工伤医疗补助金和一次性伤残就业补助金的具体标准由省、自治区、直辖市人民政府规定。

职工因工致残被鉴定为七级至十级伤残的，享受以下待遇：（1）从工伤保险基金按伤残等级支付一次性伤残补助金，标准为：七级伤残为13个月的本人工资，八级伤残为11个月的本人工资，九级伤残为9个月的本人工资，十级伤残为7个月的本人工资；（2）劳动、聘用合同期满终止，或者职工本人提出解除劳动、聘用合同的，由工伤保险基金支付一次性工伤医疗补助金，由用人单位支付一次性伤残就业补助金。一次性工伤医疗补助金和一次性伤残就业补助金的具体标准由省、自治区、直辖市人民政府规定。

21 工伤死亡的劳动者家属待遇标准如何？

根据《工伤保险条例》第39条的规定："职工因工死亡，其近亲属按照下列规定从工伤保险基金领取丧葬补助金、供养亲属抚恤金和一次性工亡补助金：（一）丧葬补助金为6个月的统筹地区上年度职工月平均工资；（二）供养亲属抚恤金按照职工本人工资的一定比例发给由因工死亡职工生前提供主要生活来源、无劳动能力的亲属。标准为：配偶每月40%，其他亲属每人每月30%，孤寡老人或者孤儿每人每月在上述标准的基础上增加10%。核定的各供养亲属的抚恤金之和不应高于因工死亡职工生前的工资。供养亲属的具体范围由国务院社会保险行政部门规定；（三）一次性工亡补助金标准为上一年度全国城镇居民人均可支配收入的20倍。伤残职工在停工留薪期内因工伤导致死亡的，其近亲属享受本条第一款规定的待遇。一级至四级伤残职工在停工留薪期满后死亡的，其近亲属可以享受本条第一款第（一）项、第（二）项规定的待遇。”

22 何时停止工伤保险待遇?

根据《社会保险法》第43条的规定：“工伤职工有下列情形之一的，停止享受工伤保险待遇：（一）丧失享受待遇条件的；（二）拒不接受劳动能力鉴定的；（三）拒绝治疗的。”发生了以上三种情况时，工伤职工的工伤保险待遇就停止了。也就是说不会继续享有上面一系列的待遇了。

有的人还会问，如果企业被合并或者破产了，关于工伤保险的待遇是不是也就停止了，答案是：非也。工伤保险待遇从存入社会保障基金财政专户的工伤保险基金中支付，与企业无关，企业需要做的只是缴纳工伤保险费。

用人单位在分立、合并或者转让以后，承继单位就应当承担原用人单位的工伤保险责任；用人单位实行承包经营的，工伤保险责任由职工劳动关系所在单位承担。职工被借调期间受到工伤事故伤害的，由原用人单位承担工伤保险责任，但原用人单位与借调单位可以约定补偿办法。企业破产的，在破产清算时依法拨付应当由单位支付的工伤保险待遇费用。

23 工伤费用如何支付？

因工伤发生的费用，有不同的支付方式。

（1）从工伤保险基金中支付。根据《社会保险法》第38条的规定，因工伤发生的下列费用，按照国家规定从工伤保险基金中支付：①治疗工伤的医疗费用和康复费用；②住院伙食补助费；③到统筹地区以外就医的交通食宿费；④安装配置伤残辅助器具所需费用；⑤生活不能自理的，经劳动能力鉴定委员会确认的生活护理费；⑥一次性伤残补助金和一级至四级伤残职工按月领取的伤残津贴；⑦终止或者解除劳动合同时，应当享受的一次性医疗补助金；⑧因工死亡的，其遗属领取的丧葬补助金、供养亲属抚恤金和因工死亡补助金；⑨劳动能力鉴定费。

（2）用人单位支付。根据《社会保险法》第39条的规定，因工伤发生的下列费用，按照国家规定由用人单位支付：①治疗工伤期间的工资福利；②五级、六级伤残职工按月领取的伤残津贴；③终止或者解除劳动合同时，应当享受的一次性伤残就业补助金。

（3）致害人支付。根据《社会保险法》第42条的规定："由于第三人的原因造成工伤，第三人不支付工伤医疗费用或者无法确定第三人的，由工伤保险基金先行支付。工伤保险基金先行支付后，有权向第三人追偿。"

工伤保险赔偿与商业保险赔偿

案例回放：

李某毕业于上海某知名大学，毕业后李某被分配到上海某银行工作，作为员工福利，单位为每位员工购买了人身伤害险，受益人为职工本人。某天，李某在上班途中遭遇交通事故。之后，李某所受伤害被劳动部门依法认定为工伤，伤残等级鉴定结论为三级伤残。事后，李某通过工伤途径从工伤保险经办机构和其所在单位获得了全部工伤待遇。此时，李某还能否获得商业保险补偿？

24 工伤保险赔偿与商业保险赔偿有何关系？

解决本案问题的前提是厘清工伤保险赔偿与商业保险赔偿的关系，工伤保险赔偿与商业保险赔偿的性质以及设立目的是两者关系的决定性因素。

（1）人身保险给付的基础为保险合同，与工伤待遇并行不悖

根据《保险法》的相关规定，商业保险是社会保险的补充，是投保人在自愿的基础上对自己未来风险的一种防范手段，具有任意性、补充性。商业保险是保险人与被保险人就约定条件形成后的合同赔付法律关系，保险的给付也是以约定为条件的。保险约定的条件成就，保险人即应给付相应的保险金。李某投的是人身伤害险，根据该险种的特点，只要出现约定的人身伤害事实，保险人即应依法给付相应的保险金。

然而，工伤保险的给付基础是法律规定，只要符合法定的条件、经过法定的程序，就能依法享受工伤的待遇。工伤保险与人身商业险是两种不同的险种，有着各自的目的和价值，两者并行不悖。李某受伤被依法认定为工伤，具有享受工伤待遇的前提，当然能够通过工伤途径从工伤保险经办机构和其所在单位获得全部工伤待遇。

（2）工伤保险具有社会保障性质，与商业保险一起构筑权利救济的保障体系

我国劳动法规定的工伤保险是社会保障体系的有机组成部分，是国家对劳动者基本权利予以保障的重要机制。《工伤保险条例》第二条规定，用人单位有为本单位全部职工交纳工伤保险的义务。所以，工伤保险具有强制性。国家强制用人单位交纳工伤保险，有效地保障了劳动者在事故发生后能够得到及时、有效的救治，保证劳动者生存权、健康权得以实现。同时，工伤保险在一定程度上也分散了用人单位的风险，有利于各类企业的正常生产，不至于因工伤事故的发生使企业陷入瘫痪。

而与工伤保险不同的是，商业保险具有商业性、任意性、补充性。商业保险的设立目的是抵御意外伤害风险，为投保公民个人伤害提供补偿途径，商业保险是公民个人权利保障体系的组成部分之一。因此，工伤保险与商业保险是相互补充的关系，两者共同构筑保障公民合法权利的钢铁长城。

25 工伤保险赔偿与商业保险赔偿能否同时获得?

工伤保险与商业保险分属社会保险和个人保险两个范畴，两者在保障公民人身、财产权利中发挥着不同的功能。因此，商业保险与工伤待遇并行不悖，两者当然可以重叠享受。具体而言，工伤职工获得工伤保险待遇后，如受伤符合商业保险理赔约定，其仍可以依据商业保险规定，获得商业保险补偿。

劳动争议解决篇

当劳动者与用人单位已形成劳动关系，但未与用人单位签订书面劳动合同时，有关劳动报酬、休息休假、社会保险及福利等方面很容易产生纠纷。虽然劳动者与用人单位订立了书面劳动合同，但在劳动合同履行的过程中也难免产生纠纷。然而，并不是所有发生在劳动者与用人单位之间的纠纷都属于劳动争议，并且劳动争议案件不同于普通的民事纠纷，法律对劳动争议的解决在程序方面有特殊规定。

劳动争议的范围

要解决劳动纠纷，首先需要明白劳动争议的范围。属于劳动争议的纠纷需按照劳动争议程序进行解决，适用劳动法相关规定，不属于劳动争议的人事争议等需通过其他程序解决，不适用劳动法相关规定。

26 属于劳动争议的情况有哪些?

《最高人民法院关于审理劳动争议案件适用法律问题的解释(一)》第1条规定，劳动者与用人单位之间发生的下列纠纷，属于劳动争议，当事人不服劳动争议仲裁机构作出的裁决，依法提起诉讼的，人民法院应予受理:(1)劳动者与用人单位在履行劳动合同过程中发生的纠纷;(2)劳动者与用人单位之间没有订立书面劳动合同，但已形成劳动关系后发生的纠纷;(3)劳动者与用人单位因劳动关系是否已经解除或者终止，以及应否支付解除或者终止劳动关系经济补偿金发生的纠纷;(4)劳动者与用人单位解除或者终止劳动关系后，请求用人单位返还其收取的劳动合同定金、保证金、抵押金、抵押物发生的纠纷，或者办理劳动者的人事档案、社会保险关系等移转手续发生的纠纷;(5)劳动者以用人单位未为其办理社会保险手续，且社会保险经办机构不能补办导致其无法享受社会保险待遇为由，要求用人单位赔偿损失发生的纠纷;(6)劳动者退休后，与尚未参加社会保险统筹的原用人单位因追索养老金、医疗费、工伤保险待遇和其他社会保险待遇而发生的纠纷;(7)劳动者因为工伤、职业病，请求用人单位依法给予工伤保险待遇发生的纠纷;(8)劳动者依据《劳动合同法》第85条规定，要求用人单位支付加付赔偿金发生的纠纷;(9)因企业自主进行改制发生的纠纷。

另外,《劳动争议调解仲裁法》第2条规定，中华人民共和国境内的用人单位与劳动者发生的下列劳动争议，适用本法:

(1)因确认劳动关系发生的争议;

（2）因订立、履行、变更、解除和终止劳动合同发生的争议；

（3）因除名、辞退和辞职、离职发生的争议；

（4）因工作时间、休息休假、社会保险、福利、培训以及劳动保护发生的争议；

（5）因劳动报酬、工伤医疗费、经济补偿或者赔偿金等发生的争议；

（6）法律、法规规定的其他劳动争议。

具体来说，用人单位没有按时足额给职工发放工资、没有为职工缴纳社会保险、安排加班没有支付加班费、无故辞退职工、与职工解除劳动关系后没有依法支付经济补偿金等行为都可能引起双方发生劳动纠纷。

27 不属于劳动争议的情况有哪些？

同时也需要指出不属于劳动争议的范围，根据《最高人民法院关于审理劳动争议案件适用法律问题的解释（一）》第2条的规定，下列纠纷不属于劳动争议：

（1）劳动者请求社会保险经办机构发放社会保险金的纠纷；

（2）劳动者与用人单位因住房制度改革产生的公有住房转让纠纷；

（3）劳动者对劳动能力鉴定委员会的伤残等级鉴定结论或者对职业病诊断鉴定委员会的职业病诊断鉴定结论的异议纠纷；

（4）家庭或者个人与家政服务人员之间的纠纷；

（5）个体工匠与帮工、学徒之间的纠纷；

（6）农村承包经营户与受雇人之间的纠纷。

劳动争议的解决途径

劳动争议解决的途径问题，也就是劳动者可以通过哪些途径来解决与用人单位的劳动纠纷。对此，我国《劳动法》第77条、第79条至第81条、《劳动争议调解仲裁法》第4条、第5条作出了明确规定，发生劳动争议，劳动者可以与用人单位协商，也可以请工会或者第三方共同与用人单位协商，达成和解协议。当事人不愿协商、协商不成或者达成和解协议后不履行的，可以向调解组织申请调解；不愿调解、调解不成或者达成调解协议后不履行的，可以向劳动争议仲裁委员会申请仲裁；对仲裁裁决不服的，除法律法规另有规定的外，可以向人民法院提起诉讼。

需要注意的是，在我国，法律明确规定提起劳动争议仲裁是进行劳动争议诉讼的前置程序。也就是说，没有提起仲裁，就不能直接到法院起诉，否则法院将不予受理；只有对仲裁结果不服，才可以到法院起诉。

28 何为调解？

从法律、法规的规定来看，调解并不是必经的程序。但它对于劳动争议的解决却起到了很大的作用，特别是对希望继续留在本单位工作的职工来说，能够通过调解来解决劳动争议，也不失为一种理想的选择。《劳动争议调解仲裁法》对调解作了详细的规定。

该法第10条规定，发生劳动争议，当事人可以到下列调解组织申请调解：

（1）企业劳动争议调解委员会；

（2）依法设立的基层人民调解组织；

（3）在乡镇、街道设立的具有劳动争议调解职能的组织。

企业劳动争议调解委员会由职工代表和企业代表组成。职工代表由工会成员担任或者由全体职工推举产生，企业代表由企业负责人指定。企业劳动争议调解委员会主任由工会成员或者双方推举的人员担任。

第 11 条规定："劳动争议调解组织的调解员应当由公道正派、联系群众、热心调解工作，并具有一定法律知识、政策水平和文化水平的成年公民担任。"

第 12 条规定："当事人申请劳动争议调解可以书面申请，也可以口头申请。口头申请的，调解组织应当当场记录申请人基本情况、申请调解的争议事项、理由和时间。"

第 13 条规定："调解劳动争议，应当充分听取双方当事人对事实和理由的陈述，耐心疏导，帮助其达成协议。"

第 14 条规定："经调解达成协议的，应当制作调解协议书。调解协议书由双方当事人签名或者盖章，经调解员签名并加盖调解组织印章后生效，对双方当事人具有约束力，当事人应当履行。自劳动争议调解组织收到调解申请之日起十五日内未达成调解协议的，当事人可以依法申请仲裁。"

第 15 条规定："达成调解协议后，一方当事人在协议约定期限内不履行调解协议的，另一方当事人可以依法申请仲裁。"

第 16 条规定："因支付拖欠劳动报酬、工伤医疗费、经济补偿或者赔偿金事项达成调解协议，用人单位在协议约定期限内不履行的，劳动者可以持调解协议书依法向人民法院申请支付令。人民法院应当依法发出支付令。”

29 劳动争议如何仲裁？

劳动争议仲裁，就是劳动争议仲裁委员会以第三人的身份，对劳动者提出的劳动争议申请所依据的事实进行认定，并对用人单位和劳动者应享有何种权利和怎样履行义务作出裁决。

（1）劳动争议仲裁委员会的设立和组成

劳动争议仲裁委员会是处理劳动争议的专门机构。劳动争议仲裁委员会按照统筹规划、合理布局和适应实际需要的原则设立。省、自治区人民政府可以决定在市、县设立；直辖市人民政府可以决定在区、县设立。直辖市、设区的市也可以设立一个或者若干个劳动争议仲裁委员会。劳动争议仲裁委员会不按行政区划层层设立。根据法律规定，劳动争议仲裁委员会是由劳动行政部门代表、同级工会代表、用人单位方面的代表组成的，组成人数应为单数。

仲裁员应当公道正派并符合下列条件之一：①曾任审判员的；②从事法律研究、教学工作并具有中级以上职称的；③具有法律知识、从事人力资源管理或者工会等专业工作满 5 年的；④律师执业满 3 年的。

（2）仲裁委员会的管辖权

劳动者想要通过仲裁解决纠纷，首先遇到的问题便是向哪个仲裁委员会申请呢？这就涉及管辖权问题，《劳动争议调解仲裁法》第

21 条规定：“劳动争议仲裁委员会负责管辖本区域内发生的劳动争议。劳动争议由劳动合同履行地或者用人单位所在地的劳动争议仲裁委员会管辖。双方当事人分别向劳动合同履行地和用人单位所在地的劳动争议仲裁委员会申请仲裁的，由劳动合同履行地的劳动争议仲裁委员会管辖。”

（3）仲裁的申请与受理

关于劳动者申请仲裁的时间限制，法律也是有规定的。《劳动争议调解仲裁法》第 27 条规定：“劳动争议申请仲裁的时效期间为一年。仲裁时效期间从当事人知道或者应当知道其权利被侵害之日起计算。前款规定的仲裁时效，因当事人一方向对方当事人主张权利，或者向有关部门请求权利救济，或者对方当事人同意履行义务而中断。从中断时起，仲裁时效期间重新计算。因不可抗力或者有其他正当理由，当事人不能在本条第一款规定的仲裁时效期间申请仲裁的，仲裁时效中止。从中止时效的原因消除之日起，仲裁时效期间继续计算。劳动关系存续期间因拖欠劳动报酬发生争议的，劳动者申请仲裁不受本条第一款规定的仲裁时效期间的限制；但是，劳动关系终止的，应当自劳动关系终止之日起一年内提出。”

第29条规定：“劳动争议仲裁委员会收到仲裁申请之日起五日内，认为符合受理条件的，应当受理，并通知申请人；认为不符合受理条件的，应当书面通知申请人不予受理，并说明理由。对劳动争议仲裁委员会不予受理或者逾期未作出决定的，申请人可以就该劳动争议事项向人民法院提起诉讼。”

第 30 条规定：“劳动争议仲裁委员会受理仲裁申请后，应当在五日内将仲裁申请书副本送达被申请人。被申请人收到仲裁申请书副本后，应当在十日内向劳动争议仲裁委员会提交答辩书。劳动争议仲裁委员会收到答辩书后，应当在五日内将答辩书副本送达申请人。被申请人未提交答辩书的，不影响仲裁程序的进行。”

（4）仲裁费用

《劳动争议调解仲裁法》第53条规定：“劳动争议仲裁不收费。劳动争议仲裁委员会的经费由财政予以保障。”

（5）仲裁员回避的情形

根据《劳动争议调解仲裁法》第33条规定，仲裁员有下列情形之一，应当回避，当事人也有权以口头或者书面方式提出回避申请：①是本案当事人或者当事人、代理人的近亲属的；②与本案有利害关系的；③与本案当事人、代理人有其他关系，可能影响公正裁决的；④私自会见当事人、代理人，或者接受当事人、代理人的请客送礼的。劳动争议仲裁委员会对回避申请应当及时作出决定，并以口头或者书面方式通知当事人。

（6）仲裁的时限

根据《劳动争议调解仲裁法》第43条第1款的规定，仲裁庭裁决劳动争议案件，应当自劳动争议仲裁委员会受理仲裁申请之日起45日内结束。案情复杂需要延期的，经劳动争议仲裁委员会主任批准，可以延期并书面通知当事人，但是延长期限不得超过15日。逾期未作出仲裁裁决的，当事人可以就该劳动争议事项向人民法院提起诉讼。

（7）申请撤销仲裁裁决

根据《劳动争议调解仲裁法》第49条的规定，用人单位有证据证明本法第 47 条规定的仲裁裁决有下列情形之一，可以自收到仲裁裁决书之日起 30 日内向劳动争议仲裁委员会所在地的中级人民法院申请撤销裁决：①适用法律、法规确有错误的；②劳动争议仲裁委员会无管辖权的；③违反法定程序的；④裁决所根据的证据是伪造的；⑤对方当事人隐瞒了足以影响公正裁决的证据的；⑥仲裁员在仲裁该案时有索贿受贿、徇私舞弊、枉法裁决行为的。人民法院经组成合议庭审查核实裁决有前款规定情形之一的，应当裁定撤销。仲裁裁决被人民法院裁定撤销的，当事人可以自收到裁定书之日起 15 日内就该劳动争议事项向人民法院提起诉讼。

30 劳动争议如何进行诉讼？

劳动争议诉讼，是人民法院对当事人不服劳动争议仲裁裁决而提起的诉讼进行审理和裁判的活动。它以国家强制力为后盾，是解决多数劳动争议纠纷的最终手段。

（1）法院受理劳动争议案件的范围

法院作为国家的审判机关，也负责处理劳动争议案件。但是，并非所有的劳动争议案件法院都有管辖权，根据《劳动争议调解仲裁法》第50条的规定："当事人对本法第四十七条规定以外的其他劳动争议案件的仲裁裁决不服的，可以自收到仲裁裁决书之日起十五日内向人民法院提起诉讼……"

《劳动争议调解仲裁法》第47条规定，下列劳动争议，除本法另有规定的外，仲裁裁决为终局裁决，裁决书自作出之日起发生法律效力：①追索劳动报酬、工伤医疗费、经济补偿或者赔偿金，不超过当地月最低工资标准12个月金额的争议；②因执行国家的劳动标准在工作时间、休息休假、社会保险等方面发生的争议。也就是以上两种情况下的劳动争议只能由仲裁解决，法院不予受理。

（2）法院管辖权

劳动者对于劳动争议仲裁裁决不服的或者提出的劳动争议仲裁申请未被受理的或者仲裁作出的已生效的调解书、裁决书被法院撤销的，可以直接向人民法院提起诉讼。然而，向无管辖权的法院起诉，案件可能被不予受理或者被重新移送到有管辖权的其他法院，浪费劳动者的时间和精力。那么，究竟应该到哪个法院起诉呢？确定管辖法院的规则与确定劳动争议仲裁委员会的规则一致，一般来说，劳动者在劳动争议仲裁裁决作出后，到该劳动争议仲裁委员会所在辖区的基层人民法院提起劳动争议诉讼即可。但是，在特殊情况下，当劳动者到法院起诉时，劳动争议仲裁委员会所在的辖区可能与用人单位所在地和劳动合同履行地都不一致，这时就要严格依照法律规定到劳动合同履行地或者起诉时用人单位所在地的基层法院提起诉讼。

（3）起诉的条件

根据《民事诉讼法》的规定，劳动者提起劳动争议诉讼必须满足以下几个条件：一是原告必须是劳动争议的直接利害关系人，劳动者可以委托他人代为办理诉讼事宜，但自己必须作为原告；二是要有明确的被告，被告一般就是用人单位；三是有具体的诉讼请求和事实、理由，一般要求与劳动争议仲裁申请的请求一致，未经仲裁审理过的诉讼请求法院将不予受理；四是属于人民法院受理民事诉讼的范围和受诉人民法院管辖。

满足上述条件的，劳动者可以持本人有效身份证件到有管辖权的人民法院起诉。

（4）诉讼费用

向人民法院提起劳动争议诉讼，应当交纳案件受理费。《诉讼费用交纳办法》规定，劳动争议案件每件交纳案件受理费 10 元。追索劳动报酬的案件可以不预交案件受理费。案件受理费由原告预交，原告自接到人民法院交纳诉讼费用通知次日起 7 日内交纳案件受理费；反诉案件由提起反诉的当事人自提起反诉次日起 7 日内交纳案件受理费。案件受理费由败诉方负担，胜诉方自愿承担的除外。经人民法院调解达成协议的案件，诉讼费用的负担由双方当事人协商解决；协商不成的，由人民法院决定。原告申请撤诉，人民法院裁定准许的，案件受理费由原告负担一半。被人民法院裁定不予受理、驳回起诉、驳回上诉的案件，不交纳案件受理费。

身为农民工的劳动者交纳诉讼费用确有困难的，可以向人民法院申请缓交、减交或者免交诉讼费用的司法救助。

（5）劳动者在诉讼过程中的权利和义务

诉讼权利有：

第一，申请回避的权利。诉讼中的回避申请与仲裁类似，审判人员有下列情形之一的，必须回避，当事人有权用口头或者书面方式申请他们回避：①是本案当事人或者当事人、诉讼代理人的近亲属；②与本案有利害关系的；③与本案当事人、诉讼代理人有其他关系，可能影响对案件公正审理的；④审判人员接受当事人、诉讼代理人请客送礼，或者违反规定会见当事人、诉讼代理人的。这些规定也适用于书记员、翻译人员、鉴定人、勘验人。当事人若提出回避申请，应当说明理由，在案件开始审理时提出；回避事由在案件开始审理后知道的，也可以在法庭辩论终结前提出。人民法院对当事人提出的回避申请，应当在申请提出的3日内，以口头或者书面形式作出决定。申请人对决定不服的，可以在接到决定时申请复议一次。复议期间，被申请回避的人员，不停止参与本案的工作。人民法院对复议申请，应当在3日内作出复议决定，并通知复议申请人。

第二，进行辩论和请求法庭给予调解的权利。

第三，原告有放弃、变更、增加诉讼请求的权利，被告有对本诉进行反驳的权利和反诉的权利。作为原告可以放弃原有的诉讼请求，增加新的诉讼请求，对原有的诉讼请求进行范围或数额上的调整。

第四，最后陈述的权利。也就是法庭辩论结束后，当事人有权向法庭陈述自己的意见。

诉讼义务有：

第一，依法正确行使诉讼权利、不得滥用的义务。

第二，听从法庭指挥，遵守法庭纪律的义务。

第三，如实陈述事实的义务。

（6）开庭审理的程序

人民法院审理民事案件，除了涉及国家秘密、个人隐私或者法律另有规定的以外，应当公开进行。法院审理劳动争议案件的庭审程序与劳动争议仲裁庭类似。

第一，开庭审理前，由书记员查明当事人和其他诉讼参与人是否到庭，宣布法庭纪律。开庭审理时，由审判长核对当事人，宣布案由，宣布审判人员、书记员名单，告知当事人有关的诉讼权利义务，询问当事人是否提出回避申请。

第二，开始法庭调查。法庭调查，是围绕双方所争议之事实，双方对自己的主张提供相应的证据加以证明，并反驳对方意见的过程。

第三，法庭辩论。双方当事人在法官的主持下围绕争议焦点进行辩论，一般是按照原告方发言、被告方发言、第三人发言的顺序，可进行多轮辩论。

第四，最后陈述。由审判长或者独任审判员按照原告、被告、第三人的顺序征求各方最后意见。

（7）举证责任分配

“谁主张、谁举证”是一般民事案件举证责任的分配原则，劳动争议案件的举证责任也应遵循这一原则进行分配，即劳动者应就自己的主张所依据的事实提供证据加以证明。但是，由于劳动者在举证能力上与用人单位相比处于弱势地位，一些能够证明劳动关系基本事实的证据材料通常由用人单位保管，劳动者无法取得，所以劳动争议案件与其他民事案件在举证责任分配上的原则略有不同，朝着有利于劳动者的方向倾斜。因用人单位作出的开除、除名、辞退、解除劳动合同、减少劳动报酬、计算劳动者工作年限等决定而发生的劳动争议，用人单位负举证责任。也就是说，用人单位就劳动者提出的某些请求有提供证据加以证明的义务。若用人单位无法提供或拒不提供，则应当承担相应法律后果。

同时，在上述几种解决途径中的各个不同阶段劳动者都可以选择与用人单位通过协商来解决纠纷。

第四编

侵权救济

生活像硬币一样有正有反，我们从出生、成长、读书到工作、结婚等等，其中有许多的喜乐，却也有许多问题、侵权事件，只能去面对，无法回避。在面对这些问题时，我们除了需要该有的理智和勇敢以外，还需要了解一些基本的法律知识，让法律来帮助我们更有效地处理这些问题和侵权事件。本编内容即为笔者针对生活中经常出现的侵权事件提供的一些法律上的救济策略。

交通安全篇

现今，交通事故已经成为人们生活的一大杀手。一方面，我们的生活变得越来越好了，这一重要标志就是路上的车多了，老百姓能买得起私家车了。另一方面，随之而来的上交通事故数量也在急剧增加。车祸给人们造成的伤害是巨大的，尤其是在城市生活的人们更是生活在危险的边缘，看到路上的车水马龙，人们的出行不禁要小心翼翼，以至于一些家长为了孩子的安全根本不敢让他们自己上街，或者上下学时都要亲自开车接送。即使这样，每年还是有大量的交通事故发生。国家为了减少交通事故的发生已经制定了许多法律、法规，这些法律对于交通事故又作出了怎样的规定呢？

闯红灯交通事故责任认定

· 案例回放

某公司的货车沿甲路由北向南行驶途中，撞倒了正横过马路未走人行横道线的张女士，后张女士因抢救治疗无效不幸身亡。交警部门认定张女士因未走人行横道线，在本起事故中应负主要责任。被告方驾驶员诸某因避让不当，对本起事故负次要责任。张女士的家属因未与撞车司机所属的公司达成赔偿协议，遂将该公司告上了法庭，要求被告赔偿张女士的家属物质损失及精神损害赔偿金共20万元。最终，虽然被告主张自己负次要责任不应赔偿张女士家属的损失，但法院还是判决了被告承担一定责任，并赔偿张女士家属一定金额的损失。

1 是不是“撞了白撞”？

一直以来，人们对由于行人违反交通规则等行人自己的原因导致的交通事故，究竟应该怎么办的问题争论不休，在这种情况下是不是真的就是撞了白撞呢？本案就是这类问题的典型。张女士应该走人行横道，但是她没走，这就是她的不对了。为什么法院还要判决司机赔偿呢？大家先不要急。我们先看看公安机关的责任认定。

发生了交通事故以后，首先要做的是交通事故的责任认定，即由公安机关来认定交通事故双方应由谁来承担责任以及责任大小的问题。一般情况下这种责任认定的结论可以作为法院判案的依据。

《道路交通安全法》第62条规定：“行人通过路口或者横过道路，应当走人行横道或者过街设施；通过有交通信号灯的人行横道，应当按照交通信号灯指示通行；通过没有交通信号灯、人行横道的路口，或者在没有过街设施的路段横过道路，应当在确认安全后通过。”交警部门根据此规定，认定张女士因未走人行横道线，在本起事故中应负主要责任是合理的。

另外，根据《道路交通安全法》第76条第1款第2项的规定，机动车与非机动车驾驶人、行人之间发生交通事故，非机动车驾驶人、行人没有过错的，由机动车一方承担赔偿责任；有证据证明非机动车驾驶人、行人有过错的，根据过错程度适当减轻机动车一方的赔偿责任；机动车一方没有过错的，承担不超过10%的赔偿责任。可以说，交通责任的认定是交通事故赔偿的前提。发生交通事故以后，要由交警部门根据当事人双方的情况来判断双方责任的有无、大小，这样在分清责任的情况下，就能很容易确定判赔数额了。在机动车撞人的情况下，即机动车与非机动车、行人发生交通事故，造成对方人员死亡或者重伤，机动车一方无过错的，承担不超过10%的赔偿责任。最后，我们就可以说“撞了不白撞”。

2 撞人司机赔不起钱该怎么办?

不是所有有车的人都能付得起赔款，很多人是赔不起巨额的赔偿金的。法律为了保护受害人受害后能够得到及时、足额的赔偿，也为了保证撞人司机不至于赔偿完受害人以后倾家荡产，便设置了第三者责任险制度。在我国，机动车被强制投保了第三者责任险，这个险种的意思就是投保第三者责任险以后，如果机动车给他人造成了损害，那么就要由保险公司来赔偿这份损失。有了这个制度，即使撞人司机赔不起赔偿金，即使没有分清事故双方的责任问题，受害人也可以从保险公司取得赔偿。

假设司机投的保险最高额是20万元，如果发生了交通事故以后应该赔偿受害人的损失是15万元，受害人就可以从保险公司那里获得15万元的赔偿金。如果受害人的损失超过了保险的最高限额，即受害人的损失如果是30万元，这时，他只能从保险公司那里得到20万元的赔偿金，那么，剩下的10万元应该如何获得赔偿呢？

《道路交通安全法》第76条规定：“机动车发生交通事故造成人身伤亡、财产损失的，由保险公司在机动车第三者责任强制保险责任限额范围内予以赔偿；不足的部分，按照下列规定承担赔偿责任：（一）机动车之间发生交通事故的，由有过错的一方承担赔偿责任；双方都有过错的，按照各自过错的比例分担责任。（二）机动车与非机动车驾驶人、行人之间发生交通事故，非机动车驾驶人、行人没有过错的，由机动车一方承担赔偿责任；有证据证明非机动车驾驶人、行人有过错的，根据过错程度适当减轻机动车一方的赔偿责任；机动车一方没有过错的，承担不超过百分之十的赔偿责任。交通事故的损失是由非机动车驾驶人、行人故意碰撞机动车造成的，机动车一方不承担赔偿责任。”

可见，对于机动车之间的交通事故，仍然要在分清责任的基础上分担损失。而机动车与非机动车、行人之间的交通事故，则由撞人的一方，即机动车来赔偿。这只有在被撞者不是自己故意要被撞的情况下才成立。

醉酒驾车需严惩

3 醉酒驾车，如何处罚？

近些年来，醉驾行为造成人员死伤的新闻受到了社会各界广泛关注，而相关立法部门也增加了一些新的相关法律法规，加大了惩处力度。

《道路交通安全法》第 91 条规定：“饮酒后驾驶机动车的，处暂扣六个月机动车驾驶证，并处一千元以上二千元以下罚款。因饮酒后驾驶机动车被处罚，再次饮酒后驾驶机动车的，处十日以下拘留，并处一千元以上二千元以下罚款，吊销机动车驾驶证。醉酒驾驶机动车的，由公安机关交通管理部门约束至酒醒，吊销机动车驾驶证，依法追究刑事责任；五年内不得重新取得机动车驾驶证。饮酒后驾驶营运机动车的，处十五日拘留，并处五千元罚款，吊销机动车驾驶证，五年内不得重新取得机动车驾驶证。醉酒驾驶营运机动车的，由公安机关交通管理部门约束至酒醒，吊销机动车驾驶证，依法追究刑事责任；十年内不得重新取得机动车驾驶证，重新取得机动车驾驶证后，不得驾驶营运机动车。饮酒后或者醉酒驾驶机动车发生重大交通事故，构成犯罪的，依法追究刑事责任，并由公安机关交通管理部门吊销机动车驾驶证，终生不得重新取得机动车驾驶证。”

此外，根据《刑法》的规定，醉酒驾驶机动车的，处拘役并处罚金。醉酒驾驶是一种高度危险的行为，把危险驾驶行为写入刑法，提高对这种行为处罚的力度，能够起到更好的警示作用，预防犯罪行为的发生。

总而言之，“醉驾入刑”，好比在嗜酒的司机头上悬起一把“达摩克利斯之剑”，对“醉驾”形成威慑，在“事故”没有发生之前就制止它。

食品安全篇

“民以食为天”，一日三餐摄入的食品为我们每天的工作、学习和生活提供必需的能量，所以每个人的生存都离不开食品。随着社会经济和科学技术的发展，人们越来越关注食品的质量和安全问题，层出不穷的食品安全事件令我们更加担心自己的身体健康。为了规范食品生产企业和食品市场，保障食品安全，我国对食品质量和安全作出了专门的法律规定。

食品变质可召回

· 案例回放

某市食品药品监督管理部门接到市民举报，称某食品企业利用过期霉变原料生产食品。接到举报后，该部门立即组织稽查人员到企业现场检查，发现情况属实，且大部分产品已经流入市场。通过该部门下属的食品安全风险评价管理中心评估证实，使用了过期霉变原料的食品会对消费者身体健康造成损害，必须进行召回。经过食品突发事件应急处理中心和企业的协商，企业表示愿意主动召回。于是，企业一方面马上在当地的报纸上刊登召回公告，通知凡是购买了该食品的消费者可以到超市进行退款。另一方面通过其主要的销售渠道收回产品。随后，食品安全风险评价管理中心对召回的食品进行了检测，确定召回效果，并对其进行无害化处理。市食品药品监督管理部门根据法规的规定，对企业处以罚款。

食品召回，是指食品生产者按照规定程序，对由生产原因造成的某一批次或类别的不安全食品，通过换货、退货、补充或修正消费说明等方式，及时消除或减少食品安全危害的活动。

4 主动召回的程序是什么？

食品生产者发现其生产的食品不符合食品安全标准或者有证据证明可能危害人体健康的，应当立即停止生产，召回已经上市销售的食品，通知相关生产经营者和消费者，并记录召回和通知情况。

食品经营者发现其经营的食品有前款规定情形的，应当立即停止经营，通知相关生产经营者和消费者，并记录停止经营和通知情况。食品生产者认为应当召回的，应当立即召回。由于食品经营者的原因造成其经营的食品有前款规定情形的，食品经营者应当召回。

食品生产经营者应当对召回的食品采取无害化处理、销毁等措施，防止其再次流入市场。但是，对因标签、标志或者说明书不符合食品安全标准而被召回的食品，食品生产者在采取补救措施且能保证食品安全的情况下可以继续销售；销售时应当向消费者明示补救措施。

食品生产经营者应当将食品召回和处理情况向所在地县级人民

政府食品药品监督管理部门报告；需要对召回的食品进行无害化处理、销毁的，应当提前报告时间、地点。食品药品监督管理部门认为必要的，可以实施现场监督。

5 责令召回的程序是什么？

（1）县级以上人民政府食品药品监督管理部门发现食品生产经营者未依照法律规定召回或者停止经营不符合食品安全标准的食品的，可以责令其召回或者停止经营。

（2）食品生产者在接到责令召回的通知后，应当立即停止生产，并按照法律规定的程序召回不符合食品安全标准的食品。

（3）食品经营者在接到责令停止经营的通知后，应当立即停止经营。

产品质量责任

在我们消费者身边，经常会发现这样的广告，某某消费者组织推荐的食品，某某明星代言的食品。有了消费者组织和明星的代言，食品安全总该放心了吧，事实是这样吗？一旦发生食品不安全事件，他们脱得了责任吗？

6 消协可以随意向消费者推荐食品吗？

当前，许多地方的食品行业协会、消费者协会等都经常搞所谓的品牌推荐活动，如推荐的产品出现了质量问题，则会严重影响了行业协会和消费者协会的权威性和公信力，造成了不良社会影响。因此，在新的《食品安全法》中，国家明确禁止此类推荐行为，以后人们发现这种情况，可以向有关部门投诉。

根据《食品安全法》第140条第3款、第4款的规定，食品药品监督管理等部门、食品检验机构、食品行业协会以广告或者其他形式向消费者推荐食品，消费者组织以收取费用或者其他牟取利益的方式向消费者推荐食品的，应当承担三个层次的责任：一是行政责任，由有关主管部门没收违法所得；二是主管人员的个人责任，对直接负责的主管人员和其他直接责任人员给予记大过、降级或者撤职的处分，情节严重的，给予开除处分；三是民事赔偿责任，如果已经构成在虚假广告中向消费者推荐食品而使消费者的合法权益受到损害的，还应当与食品生产经营者依法承担连带责任。

7 明星代言也要担责吗？

经常在电视广告中看到这样的画面：某明星代言××牌奶粉。正是由于该明星的明星效应，许多消费者购买了××牌奶粉。近些年来，全国陆续出现了婴幼儿因食用该奶粉而致病的情况，国家有关部门开始介入调查。后经调查发现，一些品牌的幼儿配方奶粉中添加了对人体有害的化工原料。调查结果一出，引起公愤，除了要求对奶粉生产者的有关负责人员进行严惩以外，许多婴幼儿家长也试图起诉担任××牌奶粉广告代言的明星。那么明星到底需不需要为不实广告承担责任呢？

《食品安全法》第140条第3款明确规定：“社会团体或者其他

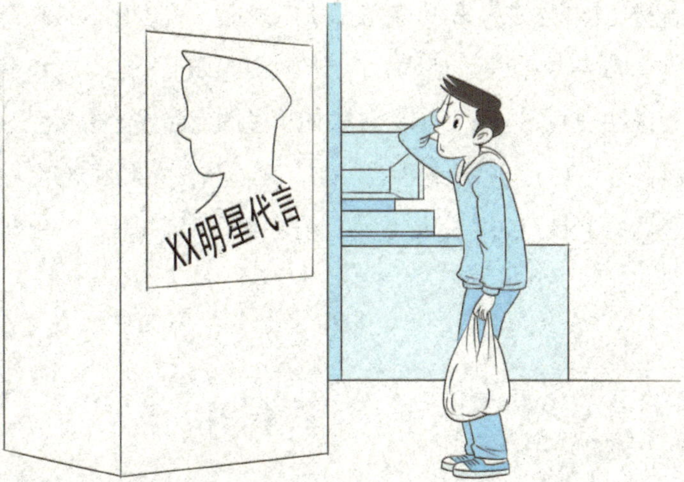

组织、个人在虚假广告或者其他虚假宣传中向消费者推荐食品，使消费者的合法权益受到损害的，应当与食品生产经营者承担连带责任。”《广告法》第56条第2款、第3款规定：“关系消费者生命健康的商品或者服务的虚假广告，造成消费者损害的，其广告经营者、广告发布者、广告代言人应当与广告主承担连带责任。前款规定以外的商品或者服务的虚假广告，造成消费者损害的，其广告经营者、广告发布者、广告代言人，明知或者应知广告虚假仍设计、制作、代理、发布或者作推荐、证明的，应当与广告主承担连带责任。”名人因代言获得了高额经济利益，如果不承担相应责任，将违背权责统一的法律原则。所以在消费者选择诉讼主体的时候，可以把广告主和个人（代言明星）作为共同的被告，要求他们共同承担责任。如前述案例的情况，受害的消费者不仅可以起诉××牌奶粉的生产厂家，还可以起诉为其奶粉代言的明星，要求他们赔偿损失。

此外,《广告法》第38条第1款还规定:“广告代言人在广告中对商品、服务作推荐、证明，应当依据事实，符合本法和有关法律、行政法规规定，并不得为其未使用过的商品或者未接受过的服务作推荐、证明。”还需值得注意的是,《广告法》明确规定，医疗、药品、医疗器械广告和保健食品广告不得利用广告代言人作推荐、证明。

医疗侵权篇

治病救人是医生的神圣职责，患者去医院看医生的目的是希望得到有效治疗并能早日康复，但是，医院难以保证每一位患者都能够痊愈，甚至有的时候会因为个别医护人员的疏忽大意给患者造成更大的伤害。当我们因医疗事故遭受损害时，应该学会用法律的武器维护自身的合法权益。目前，我国法律对医疗事故的认定、求偿程序及赔偿范围等都有相应的规定。

医疗事故鉴定很重要

我们有些人可以一辈子不结婚、一辈子不犯法，但是却没人敢说一辈子不生病。生病是很正常的事，不管是小感冒还是大手术，我们遇到了也不要害怕，只要积极进行治疗就行了。然而，在生病时有一些事情却很难为人们所理解，如一些医生仅仅因为疏忽大意而切除了患者不该切除的器官；一些医生仅仅因为大意而使得病人失去了继续治疗的机会；更有个别医生因为自己的失手而给一个未患重病的病人造成严重伤害。以上笔者所举的例子在法律上就叫作医疗事故。医疗事故指的是：医疗机构及其医务人员在医疗活动中，违反医疗卫生管理法律、行政法规、部门规章和医疗护理规范、常规，过失造成患者人身损害的事故。近年来，关于医疗事故的纠纷时有发生，由于大家法律意识的不断增强，维权的意识自然也就增强了。作为受害者的患者要想很好维护自己的合法权益，就需要了解相关法律知识。

8 何为医疗事故？

·案例回放

林某被人殴打致脾脏破裂，入住甲人民医院做脾脏切除手术，共接受输血1600毫升。出院后，林某便发现自己有尿黄、目黄等症状。2个月后，林某再次入住该医院诊治，经临床诊断为急性黄疸肝炎。又过了几个月，林某到另一家医院确诊为感染丙型肝炎病毒。其怀疑是输血感染所致。后来，林某向甲人民医院申请医疗事故鉴定。医院组织院内专家鉴定后书面回复林某，林某患丙肝与其无关。林某不服，遂向法院起诉。本案可以说是典型的医疗事故诉讼，是疑似输血引起不良后果的案件。如果经查属实的话，医院就要赔偿林某的损失。

医疗事故是由于医院及其医务人员的过失（注意这里指的不是故意，如果是故意造成损害的话就要承担相应的刑事责任了）造成的患者的损害。在实践中这种损害表现千差万别：可以是在治病过程中没有按规定的操作顺序去做；可以是由于不规范地输液、输血、注射等引起的不良后果；也可以是医生在做手术时该做的没做、反而做了不该做的，等等。一般而言，由于医院的过失而使得患者遭受意外的痛苦或者是伤害的，患者就可以考虑自己的伤害是否是医疗事故了。要注意，这里的医疗机构是指经政府批准的，有营业资格的医疗单位并有执业资格的医务人员的医疗机构，不包括非法行医、江湖郎中，他们本身行医就是非法的，如果造成就医人员伤害的话，可能要受到刑法的追究，而不仅是医疗损害赔偿了。

关于本案，林某在做完脾脏切除手术后，因身体不适而多次来此医院治疗，经查明因此感染上了丙型肝炎病毒，构成了医疗事故。所以，法院最终作出了医院赔偿林某损失的判决。

9 医疗事故的判断机构是谁？

一般患者对自己的病情都不是很了解，对于是否是医疗事故也只是一种猜测。只有确定了该损害是医疗事故，才能进一步求偿，这是患者取得医院赔偿的前提。那么，患者应该如何解开自己的疑虑呢？ 这一般由医疗技术鉴定机构来完成。

医疗技术鉴定，是指由符合《医疗事故处理条例》规定的鉴定机构及其人员，按照一定的程序，对医疗行为给患者造成的人身损害，是否构成医疗事故以及构成几级医疗事故作出权威性结论的过程。它对于明确医患双方的责任以及行政部门的调解、法院的判决都有着至关重要的意义，是判断医疗损害行为是否构成医疗事故以及如何赔偿的基本依据。

医疗事故鉴定由医学会组织。《医疗事故处理条例》第 20 条规定：“卫生行政部门接到医疗机构关于重大医疗过失行为的报告或者医疗事故争议当事人要求处理医疗事故争议的申请后，对需要进行医疗事故技术鉴定的，应当交由负责医疗事故技术鉴定工作的医学会组织鉴定；医患双方协商解决医疗事故争议，需要进行医疗事故技术鉴定的，由双方当事人共同委托负责医疗事故技术鉴定工作的医学会组织鉴定。”第21条规定：“设区的市级地方医学会和省、自治区、直辖市直接管辖的县（市）地方医学会负责组织首次医疗事故技术鉴定工作。省、自治区、直辖市地方医学会负责组织再次鉴定工作。必要时，中华医学会可以组织疑难、复杂并在全国有重大影响的医疗事故争议的技术鉴定工作。”

当事人如果对鉴定结论不服，则依据该条例第22条的规定：“当事人对首次医疗事故技术鉴定结论不服的，可以自收到首次鉴定结论之日起15日内向医疗机构所在地卫生行政部门提出再次鉴定的申请。”

大家要知道，这种鉴定不是免费的。该条例第34条规定：“医疗事故技术鉴定，可以收取鉴定费用。经鉴定，属于医疗事故的，鉴定费用由医疗机构支付；不属于医疗事故的，鉴定费用由提出医疗事故处理申请的一方支付。鉴定费用标准由省、自治区、直辖市人民政府价格主管部门会同同级财政部门、卫生行政部门规定。”

如果最终鉴定不是医疗事故的话，那么提出申请的患者就要承担鉴定费用，鉴定费用在全国各地不尽相同，其中有些地方规定的鉴定费用已经超过了一万元。所以，建议患者在没有一定的把握之前千万不可随意申请，以免得不偿失。

10 患者如何求偿?

一般的医疗事故都会给患者留下无尽的伤害，对于这种伤害如果无法通过治疗治愈的话，那么就只能在经济上给予弥补了，这就是医疗损害赔偿的意义，尤其是对于那些已经死亡、伤残或者治疗因医疗事故而引起疾病的人来说，更加现实些。那么，求偿的路该怎样走呢?

首先，与医院协商。患者想要知道自己的损害是不是医疗事故、几级医疗事故、能不能赔偿的话，可就此与医院协商。双方在协商的过程中是平等的，对于患者而言，根本就不用怕医方。大胆说出自己的疑虑、拿出自己的证据、摆明自己的想法。双方还可以就争议是否为医疗事故协商进行鉴定。当然，有时就算医方有错，他们也是很难主动认错的，更何况有一些错误他们可能自己都说不清，一般来讲，通过双方协商解决的纠纷比较少，除非医疗事故很明显。所以，对于大部分的医疗事故，这个方法并不能很好地解决纠纷。

其次，请求卫生行政部门调解。《医疗事故处理条例》第 48 条规定:“已确定为医疗事故的，卫生行政部门应医疗事故争议双方当事人请求，可以进行医疗事故赔偿调解。调解时，应当遵循当事人双方自愿原则，并应当依据本条例的规定计算赔偿数额。经调解，双方当事人就赔偿数额达成协议的，制作调解书，双方当事人应当履行；调解不成或者经调解达成协议后一方反悔的，卫生行政部门不再调解。”

也就是说到卫生行政部门请求调解的只能是已经被确定为医疗

事故的争议，没确定的不能请求调解。而且，申请调解的内容只能是有关医疗事故赔偿的问题，就是说关于争议是否是医疗事故、几级医疗事故等其他的争议不可以申请调解。调解是当事人主动申请的，可以是患者，也可以是医院。没申请调解或者没调解成功的，当事人还可以向法院起诉。

最后，提起民事诉讼，对此在下篇有重点介绍，这里不再赘述。

医疗事故赔偿提出要理智

医疗技术鉴定虽然重要，但是对于医疗事故的赔偿不只是依据医疗技术鉴定结论作出的。实践中，医患双方常常会对鉴定结论不服而打起官司。实际上，通过法律判决的医疗纠纷中，患者胜诉的概率很小，这是为什么呢？很大一部分原因就在于许多患者只是对医疗事故存在着一种怀疑，缺乏最基本的证据就轻易地到法院起诉，尤其是一些患者将自己的原因造成的损害或者是根本不属于医疗事故的损害误认为医疗事故而起诉，这就造成了自己最终的败诉。

11 哪些医疗损害医院不赔？

《医疗事故处理条例》第 33 条规定：“有下列情形之一的，不属于医疗事故：（一）在紧急情况下为抢救垂危患者生命而采取紧急医学措施造成不良后果的；（二）在医疗活动中由于患者病情异常或者患者体质特殊而发生医疗意外的；（三）在现有医学科学技术条件下，发生无法预料或者不能防范的不良后果的；（四）无过错输血感染造成不良后果的;（五）因患方原因延误诊疗导致不良后果的;（六）因不可抗力造成不良后果的。”

以上造成损害的情况下，医院不负责赔偿患者的损失。法律规定只有在医疗机构有过失的时候才承担赔偿责任。在一些情况下，如果因为患者的原因而发生的损害，如不听医嘱，或者在正常治疗活动中出现的意外，医疗机构通常是可以免责的。所以，在自己还没什么证据或者自己还不是很清楚损害是不是医疗事故之前，为了减少不必要的损失，建议大家先找专家或者律师咨询一下，切不可轻易到法院起诉。

12 如何在医疗纠纷中维护合法权益?

官司成败的关键就在于证据，所以在打官司之前收集证据的工作是很重要的。对于医疗事故来讲，更是如此。医疗事故的最重要的证据就是病历，病历是医疗机构在治疗的过程中所作的一些基本工作的纪录。在病历中常常能看到一些医疗事故的端倪，如涂改、缺页等现象，这不但可以说明医院的过失，而且还是违法的。

《医疗事故处理条例》第 9 条规定:“严禁涂改、伪造、隐匿、销毁或者抢夺病历资料。”所以大家一定要对病历作足够的重视。

如果患者想取得病例的话，就必须到医院去取。因为病历是由医方保管的，所以要按法律规定到医院取得。

《医疗事故处理条例》第 10 条第 1 款、第 2 款规定:“患者有权复印或者复制其门诊病历、住院志、体温单、医嘱单、化验单（检验报告）、医学影像检查资料、特殊检查同意书、手术同意书、手术及麻醉记录单、病理资料、护理记录以及国务院卫生行政部门规定的其他病历资料。患者依照前款规定要求复印或者复制病历资料的，医疗机构应当提供复印或者复制服务并在复印或者复制的病历资料上加盖证明印记。复印或者复制病历资料时，应当有患者在场。”

复印病例的时候千万不要忘了让医院盖章，这样病历才有效。

有了病历再加上医疗技术鉴定结论我们就可以据此说明很多问题了。那么法院在看到这些证据之后会如何判断双方的是非呢？这里，法院不仅要根据患者的证据判断案情，而且还要根据医疗机构的证据来判断。所以，医疗机构也要负举证责任。

根据《民法典》第1218条、第1221条、第1222条、第1224条的规定，患者在诊疗活动中受到损害，医疗机构或者其医务人员有过错的，由医疗机构承担赔偿责任。医务人员在诊疗活动中未尽到与当时的医疗水平相应的诊疗义务，造成患者损害的，医疗机构应当承担赔偿责任。患者在诊疗活动中受到损害，有下列情形之一的，推定医疗机构有过错：（1）违反法律、行政法规、规章以及其他有关诊疗规范的规定；（2）隐匿或者拒绝提供与纠纷有关的病历资料；（3）遗失、伪造、篡改或者违法销毁病历资料。患者在诊疗活动中受到损害，有下列情形之一的，医疗机构不承担赔偿责任：（1）患者或者其近亲属不配合医疗机构进行符合诊疗规范的诊疗；（2）医务人员在抢救生命垂危的患者等紧急情况下已经尽到合理诊疗义务；（3）限于当时的医疗水平难以诊疗。前款第一项情形中，医疗机构或者其医务人员也有过错的，应当承担相应的赔偿责任。因此，在不同的情况下，对于医疗行为引发的侵权诉讼，与由谁来举证和侵权归责的方式有关。

13 赔偿金额如何确定？

生活中，当事人要求的赔偿金动辄要几十万元甚至上百万元，那么，我们所说的医疗事故的赔偿到底是如何计算的呢，法院又是依据什么来判决的呢？

《医疗事故处理条例》第49条规定："医疗事故赔偿，应当考虑下列因素，确定具体赔偿数额：（一）医疗事故等级；（二）医疗过失行为在医疗事故损害后果中的责任程度；（三）医疗事故损害后果与患者原有疾病状况之间的关系。不属于医疗事故的，医疗机构不承担赔偿责任。"

法律规定的赔偿数额不是凭空写出来的，法院判定的赔偿数额是根据上面的要求，按照以下的标准计算出来的。下面就让我们来看一看医疗事故的赔偿标准。

《医疗事故处理条例》第50条规定："医疗事故赔偿，按照下列项目和标准计算：

（一）医疗费：按照医疗事故对患者造成的人身损害进行治疗所发生的医疗费用计算，凭据支付，但不包括原发病医疗费用。结案后确实需要继续治疗的，按照基本医疗费用支付。

（二）误工费：患者有固定收入的，按照本人因误工减少的固定收入计算，对收入高于医疗事故发生地上一年度职工年平均工资3倍以上的，按照3倍计算；无固定收入的，按照医疗事故发生地上一年度职工年平均工资计算。

（三）住院伙食补助费：按照医疗事故发生地国家机关一般工作人员的出差伙食补助标准计算。

（四）陪护费：患者住院期间需要专人陪护的，按照医疗事故发生地上一年度职工年平均工资计算。

（五）残疾生活补助费：根据伤残等级，按照医疗事故发生地居民年平均生活费计算，自定残之月起最长赔偿30年；但是，60周岁以上的，不超过15年；70周岁以上的，不超过5年。

（六）残疾用具费：因残疾需要配置补偿功能器具的，凭医疗机构证明，按照普及型器具的费用计算。

（七）丧葬费：按照医疗事故发生地规定的丧葬费补助标准计算。

（八）被扶养人生活费：以死者生前或者残疾者丧失劳动能力前实际扶养且没有劳动能力的人为限，按照其户籍所在地或者居所地居民最低生活保障标准计算。对不满16周岁的，扶养到16周岁。对年满16周岁但无劳动能力的，扶养20年；但是，60周岁以上的，不超过15年；70周岁以上的，不超过5年。

（九）交通费：按照患者实际必需的交通费用计算，凭据支付。

（十）住宿费：按照医疗事故发生地国家机关一般工作人员的出差住宿补助标准计算，凭据支付。

（十一）精神损害抚慰金：按照医疗事故发生地居民年平均生活费计算。造成患者死亡的，赔偿年限最长不超过6年；造成患者残疾的，赔偿年限最长不超过3年。”

《医疗事故处理条例》第 51 条规定："参加医疗事故处理的患者近亲属所需交通费、误工费、住宿费，参照本条例第五十条的有关规定计算，计算费用的人数不超过 2 人。医疗事故造成患者死亡的，参加丧葬活动的患者的配偶和直系亲属所需交通费、误工费、住宿费，参照本条例第五十条的有关规定计算，计算费用的人数不超过 2 人。"

患者在起诉时也最好按照这个标准判断自己的损失数额，打官司时还是实事求是的好。生活中，事情的变化总是千差万别，读者如果有不明白的地方，还是尽量去咨询专家或者律师，以最大限度地维护自己的权利。

14 获得人身保险赔偿后，还能获得医疗损害赔偿金吗？

· 案例回放

患者刘某因腹痛、呕吐并突发持续剧痛到甲医院就诊。诊断结果为上消化道穿孔、弥漫性腹膜炎。医院要求保守治疗，给予持续性肠胃减压，禁饮食，输液维持电解质及酸碱平衡，抗炎，静脉营养等处理。刘某及家人相信医生及医院，在该医院住院治疗。经过几天的治疗，刘某的病情不见好转，反而加重，后来刘某出现了休克，在亲属的强烈要求下，甲医院才同意将其转到乙医院治疗。乙医院诊断刘某为“上消化道穿孔并伴随弥漫性腹膜炎，以及中毒性休克”，立即为其进行了“胃穿孔修补术”。医生在手术中发现刘某腹腔中有大量脓性液体，胃窦部有直径2cm的穿孔。手术后刘某一直昏迷不醒，被送往ICU病房救治。为寻求更好的治疗，刘某又先后在丙医院和丁医院住院治疗，造成大量物质损失及严重精神损害。

刘某遂向法院提起诉讼。经鉴定，甲医院和乙医院构成医疗事故。被告医院辩称刘某三年前在保险公司营业部投保了人身平安险附带住院医疗险，事后该营业部共理赔了15万元，原告所主张的医疗费系财产损失范围，民事案件对这类损失采用损益相抵原则，赔偿权利人不应当得到双重赔偿，这15万元应从全部赔偿中扣除。

我国法律对人身损害侵权赔偿的规定，体现了赔偿目的补偿性，也就是说，赔偿是为了补偿受害人因人身损害侵权而产生的实际损失，通过赔偿尽量将受害人的状况恢复到损害发生前的水平。其中隐含的规则就是，赔偿数额应当与因人身损害侵权所造成的实际损失相当，不能低于实际损失，但也不能超过，在尽量消除受害人因侵权而产生的损失和不利状态的同时，也不能使受害人因侵权损害而受益。一般我们称之为“填平式赔偿”，将受害人因侵权而产生的损害比喻成一个坑，赔偿的目的是将“坑”填平，而不是形成一个山包。

如此进行赔偿的合理之处在于，在公平的社会中，任何的获益都应当有等价的付出，也就是必须支付一定的对价。侵权损害的赔偿，针对的是因侵权而产生的损失，赔偿与损失应当是相等的，若赔偿超过了损失，超过部分就不存在与之相当的对价，原本的受害方因侵权行为而获得了无对价的收益，而侵权一方则做了无对价的支付，因此对侵权一方是不公平的。

当然，这样分析是基于我国在侵权赔偿方面没有惩罚性赔偿的规定而作出的，如果考虑侵权方的过错而应当给予其一定的额外支付作为惩罚，则赔偿超过实际损失的数额也就合理了。但目前为止，我国在人身损害侵权赔偿方面还没有这样的法律突破，但在其他领域存在惩罚性赔偿的规定，相对于整个法律体系而言还只是例外，如《消费者权益保护法》的规定。

医疗损害赔偿作为人身损害侵权赔偿的一种情况，也遵循着赔偿数额以因侵权而造成的实际损失为限，受害人不能因侵权行为而受益的原则。

具体到本案例，刘某已经获得了 15 万元的保险金，确定这部分保险金能否从医疗人身损害侵权人应支付的赔偿中扣除，就要先分析保险金的性质。保险按照标的不同，分为财产保险和人身保险。

当保险标的发生损失后，保险人应当按照保险合同向受益人给付保险金。当保险标的是财产时，就是财产保险，保险金是对财产损失的弥补。但当保险标的是被保险人的生命健康时，保险金的性质就不再是对损失的弥补，而是具有对受益人因被保险人生命健康受损害而产生的痛苦和压力等精神上的损害进行抚慰的性质。因此，人身保险赔偿的性质是一种精神抚慰金，不是针对损害的赔偿，与财产保险赔偿的性质不同，与人身损害侵权赔偿的性质也不同。

由于人身保险赔偿不是对刘某因医疗人身侵权而产生损害的弥补，而是带有精神抚慰性质的给付，因此与医院的赔偿性质不同，赔偿目的不重合，因此不产生无对价获利的问题，也就不能与医院给付的赔偿金相互抵销。被告辩称应将15万元从医院的赔偿中扣除，是对人身保险的保险金性质的认识错误。《保险法》第46条规定："被保险人因第三者的行为而发生死亡、伤残或者疾病等保险事故的，保险人向被保险人或者受益人给付保险金后，不享有向第三者追偿的权利，但被保险人或者受益人仍有权向第三者请求赔偿。"

因人身保险而由保险公司给付的保险金带有精神抚慰金的性质，不是针对被保险人因人身损害而产生的损失的补偿，与医疗机构因医疗人身损害而向患者支付的赔偿金性质上完全不同，支付的目的也完全不同，因此不能相互抵销。已经因人身保险而获得的保险金不能从医院支付的赔偿中扣除，同样，医院已经支付了赔偿，保险公司依然应当根据人身保险合同给付保险金。

校园侵权篇

未成年人是祖国的未来，是每个家庭的希望。学校是未成年人学习和生活的主要场所。中小学生每年发生意外伤害事故的现象时有发生，给青少年身心健康及家庭幸福带来不良影响。目前，在校未成年学生的人身安全保障，已经成为牵动着无数个家庭的重要问题。由未成年学生在校期间发生的人身伤害所引发的学生家长和学校的诉讼纠纷与日俱增、损害赔偿数额不断攀升，由此产生的社会波及面也随着网络的普及在不断扩大。

校园侵权的责任认定

· 案例回放

王某8岁，系某小学二年级学生。在学校上体育课期间，从单杠上摔落在地，经诊断为“右顶骨凹陷性骨折，硬膜外血肿，后顶叶脑挫伤”，住院18天，经鉴定构成十级伤残。王某监护人遂向人民法院提起诉讼，请求判令某小学承担民事责任。学校应当承担责任吗？

《民法典》对于未成年学生在学校、幼儿园和其他教育机构学习和生活期间发生的人身损害的侵权责任认定和侵权责任的承担作出了明确规定，为未成年人的身心健康保驾护航。

15 何为校园侵权？

《民法典》第1199条至第1201条规定的侵权行为，称为“校园侵权”。顾名思义，校园侵权就是学校作为侵权人（或者侵权人之一）以及校园作为侵权行为主要发生场所而命名的一类侵权事实。结合其他相关的法律法规和司法解释，可将校园侵权界定为：无民事行为能力和限制民事行为能力的在校学生在学校、幼儿园和其他教育机构对未成年学生负有教育和管理职责的时间和地域范围内，因学校未尽到教育和管理职责而致使未成年学生遭受来自学校或其他第三人的人身损害，学校应当承担侵权责任或者与其过错相应的补充责任的侵权行为。《民法典》规定的校园侵权清晰地传递出其立法目的，就是对未成年学生的人身安全提供特殊的保护，并且适当平衡学校的办学自由和未成年学生的人身安全保护之间的利益冲突。

16 校园侵权具有哪些特征？

（1）校园侵权的被侵权人是未成年学生，也就是《民法典》第1199条至第1201条规定的在学校学习和生活期间的无民事行为能力人和限制民事行为能力人。无民事行为能力人，是指不满8周岁的未成年人和不能辨认自己行为的精神病人。限制民事行为能力人，是指8周岁以上18周岁以下的未成年人和不能完全辨认自己行为的精神病人。

（2）校园侵权的侵权人具有多样性，但是幼儿园、学校和其他教育机构是校园侵权的直接侵权人或者间接侵权人。其中，幼儿园，通常是指对3周岁以上学龄前幼儿实施保育和教育的机构。学校，是指国家或者社会力量举办的全日制的中小学（含特殊教育学校）、各类中等职业学校、高等学校。其他教育机构，是指少年宫以及电化教育机构等。

（3）校园侵权必须发生在学校对未成年学生负有教育和管理职责的时间范围内，主要包括未成年学生在学校学习和生活期间以及学校组织的其他校外活动期间。

（4）校园侵权必须发生在学校对未成年学生负有教育和管理职责的地域范围内，主要包括学校校园内以及学校组织活动的其他场所。

（5）校园侵权必须客观上造成了未成年学生的人身损害，主要包括伤残、死亡以及严重的精神损害。《民法典》所救济的损害，是指受害人人身或者财产方面的不利后果。损害后果的发生，是认定侵权损害赔偿责任的重要条件。如果校园侵权并未在客观上造成学生的损害后果的发生，则无法追究学校及其他侵权人的损害赔偿责任。《民法典》相关规定表明，校园侵权的损害后果是未成年学生的人身伤害，具体表现为学生的人身伤残、死亡或者严重的心理伤害。如果侵权人的行为只是造成了财产损失，而未造成学生的人身伤害后果，则不构成本书探讨的校园侵权。

（6）学校是否尽到教育和管理职责是判断学校是否承担责任的客观标准。

本案例中王某系在上体育课期间从单杠上摔落导致人身伤害，而体育课上学生在从事具有一定危险的活动时，应当有教师在旁进行指导和保护。某小学无法证明对其监督管理范围内的伤害事件已经尽到职责，而王某从单杠上摔落的事实本身恰恰表明学校在履行教育、管理职责时存在疏漏，因此，某小学应当承担民事责任。

本案例是校园侵权中因学校教育教学设备和设施安全隐患导致学生人身损害的典型案例。本书借助此案例来系统讲解校园侵权的概念和法律特征，有助于读者系统地学习和理解校园侵权责任。这里需要再次强调的是，校园侵权的被侵权人是未成年学生，所遭受的是人身损害，并且未成年学生受到的人身损害发生在学校对未成年学生负有教育和管理职责的时间和地域范围内。此外，学校对未成年学生所负有的教育和管理职责，是判断学校对未成年学生人身损害是否存在过错的判断标准，其核心要素在于排除各种具有人身危险性的障碍和隐患，建立起完善的适合未成年人特点的管理制度，防止危害学生人身安全的事件发生。

孩子遭体罚，学校难脱责

人民教师的根本职责是“教书育人”，把学生培养成德智体全面发展的人才。但是，近年来，全国各地时有爆出教师体罚学生的事件，体罚手段多种多样，如打脸、拧嘴巴、罚站等。

· 案例回放

刘某年仅12岁，某日，刘某所在的班级进行语文测验，在未做完全部试题的情况下，他就匆匆交了卷。第二天，班主任宋老师在评讲试卷时非常生气，认为刘某连这么简单的试题都漏掉了，是因为他粗心大意，于是要求他站起来，并叫班上同学都狠狠地打他一下，以使其记住这次教训。当日下午放学后，刘某忍着头痛回家，却不敢向父母诉说被打的真相。不久，这位宋老师登门家访时，刘某的父母才知道儿子被殴打的事。此后，刘某的病情加重，出现了头痛、恶心、呕吐等症状，经住院治疗仍不见好转。经精神病学专家会诊，市法医学会鉴定认为，刘某被人殴打后出现创伤后应激障碍，其伤残程度为六级。

17 关于体罚有哪些规定?

教育部制定的法规明确规定学校教师或者其他工作人员不得对学生实行体罚或者变相体罚。学校的教师包括正式教师、代课教师等，其他工作人员包括教务处、财务处、图书馆等部门的行政工作人员。体罚是指教师为惩罚学生亲自或指使他人以暴力方式接触学生身体的一种方式，如打手心、踢屁股等。变相体罚就是没有接触被罚学生的身体，但以非人道方式迫使被罚学生做出某些行为，使其身体或精神上感到痛苦的惩罚形式。比如，教师责令学生当众脱裤子、脖子上吊破鞋等行为。这些行为严重侵害了学生的身体健康，也造成了学生精神上的巨大伤害。教师或者其他工作人员是在履行职责的过程中违反工作要求、操作规程、职业道德或者其他规定而对学生进行体罚或者变相体罚的，如教师在上课期间、图书馆管理人员在借给学生图书时等。违反工作要求、操作规范和职业道德，是指教师或者其他工作人员不按照学校规章或者职业道德规范而要求学生为或者不为一定行为，学生如果不能达到其要求标准，则对学生进行体罚。教师或者其他工作人员对未成年学生进行体罚或者变相体罚对学生人身造成伤害的，属于侵犯未成年学生人身权利的行为。学校作为公共教育机构，对在校学生负有教育、管理和保护的义务，而未成年学生在学校学习生活期间遭受体罚或变相体罚导致人身损害，属于学校未尽到教育、管理职责，根据《民法典》的规定，教师对学生体罚或者变相体罚的行为，构成侵权。

18 学校要承担责任吗？

在本案中，刘某年仅 12 岁，属于《民法典》规定的限制民事行为能力人，他是在学校学习期间，因未做完全部试题匆匆交卷的情况下，被老师要求的其他同学狠打，后刘某被诊断为创伤后应激障碍。宋老师对刘某的体罚行为已经构成了学校未尽教育和管理职责，造成刘某伤害的结果属于学校侵害未成年学生人身权利造成的人身损害，完全符合校园侵权的责任构成要件，应当适用《民法典》第 1200 条的规定，由学校承担赔偿责任。

由于未成年学生生理和心理都未发育成熟，其受到体罚或者变相体罚以后往往不及时告诉家长，从而造成伤情恶化或者心理疾病进而影响正常的学习和生活，所以作为未成年学生的父母应该与学校及时沟通，避免体罚或者变相体罚学生的事件发生。学校应当对学生灌输法治理念，教育学生维护自己的权利，遇到教师体罚或者变相体罚学生时，应当向学校教务处等部门报告或者及时告诉家长。学校作为教师的管理者，更应加强对教师的管理，一旦发生教师体罚学生致害的事件，学校也就难逃侵权的“罪名”了。

食堂中毒，学校担责

近年来，学校发生食物中毒的事件非常多，直接影响到了学生的人身安全，各地学校已经着力开展食品、药品、饮用水方面的整顿工作。在学校范围内，学校不仅是提供教育服务的机构，而且也是提供学生后勤保障的机构。对于药品、食品、饮用水等方面的供给，学校应当保证质量。

19 学校对食堂有哪些监管义务?

我国的《中小学幼儿园安全管理办法》第 21 条规定:“学校应当严格执行《学校食堂与学生集体用餐卫生管理规定》①、《餐饮业和学生集体用餐配送单位卫生规范》，严格遵守卫生操作规范。建立食堂物资定点采购和索证、登记制度与饭菜留验和记录制度，检查饮用水的卫生安全状况，保障师生饮食卫生安全。”第 56 条规定:“校园内发生火灾、食物中毒、重大治安等突发安全事故以及自然灾害时，学校应当启动应急预案，及时组织教职工参与抢险、救助

① 该文件现已失效。

和防护，保障学生身体健康和人身、财产安全。”对于药品、食品、饮用水等方面的供给，学校应当保证质量，这是学校的法定职责，一旦违反，就应当对学生的损害承担责任。

20 学校承担什么责任?

对于无民事行为能力的学生，学校或者幼儿园的注意义务应更加严格。《民法典》第1199条规定:“无民事行为能力人在幼儿园、学校或者其他教育机构学习、生活期间受到人身损害的，幼儿园、学校或者其他教育机构应当承担侵权责任；但是，能够证明尽到教育、管理职责的，不承担侵权责任。”即学校负有举证责任，证明自己尽到了注意、管理保护义务，学校无法证明时，承担败诉的不利后果，即学校对此承担赔偿责任。

学生在校生活学习，学校有义务为学生提供安全的饮食、饮水和药品，这是法定职责，同时也是道德的要求。因为学校的疏忽大意造成未成年学生损害的，学校当然应当承担赔偿责任。所以，提醒学校要注意这些方面的检查和把关，保护未成年学生的身体健康。因为饮食、饮水等造成的损害往往是大范围的，社会影响会比较大，社会关注度也会比较高。学校应当建立和落实食堂、食品卫生安全责任制，严把食品原料进货关、食堂环境卫生关、餐饮用具消毒关、食品保管贮存关、食堂工作人员体检关。另外，近年来随着学校后勤社会化的普及，我国中小学的食堂多数由承包方与学校签订合同，由承包方按照市场化的方式运作食堂，对于此，学校在引进市场运作时应当对其资质严格把关。假使发生食物中毒或者药品中毒事件，学校仍然对此承担责任，但是，学校可以追究第三人的责任，向承包方追偿。同时，学校除了注意饮食方面的安全卫生以外，还要注意学校的饮用水、药品等是否符合国家标准。

春游“免责协议”不免责

· 案例回放

某小学准备组织孩子们到郊外春游，春游前，老师让每个学生带回一张协议要家长签字，协议内容是：学生自愿参加学校组织的春游活动，在活动中如出现意外，一切后果概不由学校和老师负责。如不同意此协议，将视为放弃此次春游活动。春游过程中，8岁的学生张某见某高坡上开满鲜花，就跑去采摘。带队老师发现这一情况，但因其他事情而未及时将张某叫回。在返校前清点人数时发现张某不在。某小学立即组织人员寻找，在一石壁下发现张某尸体。张某的家长以某小学未尽到教育和管理职责为由要求赔偿丧葬费和死亡赔偿金。某小学以事先已签订“免责协议”为由拒绝赔偿，张某的家长遂将某小学诉至法院。

21 “免责协议”有效吗？

首先，本案中某小学春游前让每个学生带回的需要家长签字的“安全协议”，属于《民法典》第496条第1款规定的格式合同，即“当事人为了重复使用而预先拟定，并在订立合同时未与对方协商”

的协议。该“安全协议”是某小学事先拟定的，未与学生家长协商，家长要么签字，孩子参加春游，要么拒绝签字，孩子生气抱怨。

其次，作为格式合同的“安全协议”是否产生减责或者免责的法律效果，需要作具体分析。《民法典》第 497 条第 2 项规定，提供格式条款一方不合理地免除或者减轻其责任、加重对方责任、限制对方主要权利的，该格式条款无效。而《民法典》第 506 条明确规定，免除造成对方人身损害的责任的条款无效，免除因故意或者重大过失造成对方财产损失的责任的条款无效。就本案而言，某小学的春游“安全协议”具体内容是“学生自愿参加学校组织的春游活动，在活动中如出现意外，一切后果概不由学校和老师负责。如不同意此协议，将视为放弃此次春游活动”。很明显，某小学在春游安全协议中，对学生在春游过程出现的人身损害，一概免除自己的责任。这明显违反《民法典》第 497 条和第 506 条的规定，因此，某小学的春游“安全协议”应当认定为无效。

22 学校有哪些责任？

某小学对张某坠崖死亡未尽到必要的教育和管理职责，应当承担侵权责任。《民法典》第 1199 条规定了学校对无民事行为能力的学生在校期间遭受人身损害的侵权责任的认定规则。春游虽是校外活动，但却是某小学组织的集体活动，因此某小学对 8 岁的张某负有教育和管理义务，以及《民法典》第 1198 条第 1 款规定的活动组织者的安全保障义务。“春游过程中，8 岁的学生张某见某高坡上开满鲜花，并跑去采摘，带队老师发现但因其他事情而未及时将张某叫回。在返校时清点人数发现张某不在。”这段案情叙述表明学校疏于履行教育和管理职责以及组织者的安全保障义务，对张某的死亡负有不可推卸的责任。

因此，某小学的春游“安全协议”因违反法律规定而无效，不能作为免除赔偿责任的抗辩理由，某小学应当承担与其过错相应的损害赔偿责任。

在中小学以及幼儿园的安全管理过程中，各地出现了名目繁多的校方与学生家长签订的安全协议。大多数协议是校方预先单方拟定的，在学生入学报名等环节与学生家长签署，作为对未成年学生校园伤害事前预防的重要手段，以促使学生家长配合学生安全教育工作。但是，其中也不乏本书此处所引案例中的免除校方责任、限制未成年学生人身损害发生后的赔偿请求权的不安全的“安全协议”。对于这类“安全协议”，其制定者应当根据《民法典》第497条和第506条的规定自查并予以修改，否则将不会起到免除或者限制责任等规避《民法典》强制性规定的目的。学生家长在签署前要认真阅读安全协议的条款，并要求校方给予必要的解释说明。在发生未成年学生校园人身损害时，不要慑于“安全协议”，而应当起诉至法院，要求法院予以审查。

动物、物件致害篇

动物对人身而言具有一定的危险性，动物饲养人明知存在危险性而饲养动物，因此其应该对动物造成他人损害的后果负责。那么，动物园里的动物造成他人损害的，责任应由谁承担呢？与动物相比，搁置的物件本身不具有攻击性，也不会对人身安全造成威胁，但是因地面施工或者地上工作物倒塌、脱落、坠落或者高空抛掷物致人损害的案件却时有发生，此时应该由谁承担责任呢？我国《民法典》侵权责任编专门对上述问题作出了规定。

动物致人伤害的赔偿

23 动物园里遭伤害，怎么办？

动物园里传出惊人消息：一青年被狼咬断两根手指！这断指再植的手术费可不是个小数目；要是接不上，这残疾赔偿金也少不了。

该谁负担呢?

《民法典》第1248条规定:“动物园的动物造成他人损害的,动物园应当承担侵权责任;但是,能够证明尽到管理职责的,不承担侵权责任。”这里适用的是过错推定原则,即一旦动物园的动物造成他人损害,无须受害人举证,就推定动物园有过错,而要求它承担赔偿责任。它如果想免责,就必须能够证明自己尽到了管理职责。

动物园对赔偿请求提出了异议。原来,为了游客安全,动物园在铁笼子下部还围了一人高的铁丝网。谁知这青年特淘气,他想看看狼的野性,竟把铁丝网剪了个洞,把一串麻辣烫伸了进去。狼猛一抽,手没放开,就被带了进去,让另一只狼咬了。动物园认为,自己的设施是安全的,损失是该游客违规所造成的;如果要求动物园时刻监督制止游客的违规行为,这显然太过分。法院会怎样判决呢?

动物园的答辩是有道理的,它证明自己尽到了足够的注意义务,法院应当判决其免责。当然,如果动物园愿意给这小青年提供一些人道主义的补偿也是可以的,但这并不是动物园的法定义务。

24 挑逗动物伤人,谁担责?

在动物园,徐某看大象那慢条斯理的样子,就拣了几个塑料瓶接二连三地投过去。可是大象丝毫不为所动。徐某不甘心,干脆砸了块石头。谁知这可闯了大祸:大象用鼻子卷起石块就甩了出来,把游客里的一位小姑娘打得头破血流。这事应由谁负责?动物园还是徐某?

《民法典》第1250条规定：“因第三人的过错致使动物造成他人损害的，被侵权人可以向动物饲养人或者管理人请求赔偿，也可以向第三人请求赔偿。动物饲养人或者管理人赔偿后，有权向第三人追偿。”第三人的过错是指被侵权人和动物饲养人或管理人之外的人对动物造成损害有过错。第三人的过错在多数场合表现为：有意挑逗、投打、投喂、诱使动物，其后果致使他人受到人身或者财产的损害，其实质是实施了诱发动物致害的行为。本条规定可以向动物饲养人或管理人请求赔偿，是为了使被侵权人可以根据具体情况要求赔偿，有利于保护受害人利益。据此，小姑娘既可以向动物园请求赔偿，也可以向徐某请求赔偿。动物园承担责任后，有权向徐某追偿。

物件致人损害侵权认定

·案例回放

原告李某系某高校学生，被告系为该高校修缮地下水管的服务公司。服务公司在该高校范围内进行全面的地下水管修缮工程，到处挖沟、掘开井盖进行作业。为维护广大师生的安全，学校特别强调了服务公司应做好施工过程中的安全措施。服务公司遂在各施工地点设置了红色标志灯和栏杆路障，但是红色标志灯设置后几天就有不少自动失去了照明功能。某日晚间，李某到学校操场去锻炼身体，走到操场北边入口处时因漆黑一片掉入一深2米多的排水沟中，造成骨折，经法医鉴定为七级伤残。原告李某为此进行了长时间的住院治疗，支付了近6000元的医疗费。后李某起诉服务公司，要求其赔偿损失近1万元。服务公司则辩称自己在该出事地点设置了红色标志灯，对李某的受损不存在任何过错，因此依法应予免除赔偿责任。经查，服务公司在操场北边所设标志灯三天前就失去照明功能，服务公司并没有对此情况及时采取相关措施。

随着近年来地面施工致人损害案件、地上工作物倒塌、脱落、坠落致人损害案件以及抛掷物致人损害等案件的不断增加，引起了人们对它的特别关注。为保护受害人的合法权益，明确侵权责任，预防并制裁侵权行为，促进社会和谐稳定，我国《民法典》侵权责任编规定了物件损害责任。为正确理解和适用这一新的法律，我们必须首先了解什么是物件致人损害侵权。

25 何为物件致人损害侵权？

物件致人损害侵权，是指“为自己管领下的物件致害负责的特殊侵权行为，这种特殊侵权行为也称作对物的特殊侵权行为。基于物件致害侵权行为所产生的侵权责任，称为物件致害责任”。狭义的物件致人损害侵权主要包括地上工作物脱落、坠落致人损害侵权、地上工作物倒塌致人损害侵权、堆放物致人损害侵权、林木致人损害侵权、果实坠落致人损害侵权、抛掷物致人损害侵权、妨碍通行物致人损害侵权以及地面施工致人损害侵权等；广义的物件致人损害侵权除了包括狭义的物件致人损害侵权的内容之外还包括传统民法意义上的动物致人损害侵权以及产品致人损害侵权等，本书所说的物件致人损害侵权仅指狭义上的物件致人损害侵权。

26 物件致人损害侵权有哪些特征?

第一，物件致人损害侵权在性质上是一种重要的特殊侵权行为。特殊侵权行为，是指“当事人因与自己有关的行为、物件、事件或者其他特别原因致人损害，依照民法上的特别责任条款或者民事特别法的规定应当承担民事责任的行为”。物件致人损害侵权是当事人对与自己有关的物件致人损害负责的特殊侵权行为。

第二，物件致人损害事实的发生不受人的意志支配。也就是说，物件致人损害是由于物的所有人或者管理人对物的管理有一定过失而使物件本身对受害人的人身、财产以及其他合法权益造成一定损失，而不是物的所有人或者管理人故意使用物件使之在自己的意志支配下造成他人损害。后一种情形实质是一种一般侵权行为，是人对人的伤害，而非物件对人的伤害。

第三，《民法典》规定了物件损害责任的多种类型。《民法典》第1258条规定了地面施工致人损害责任、第1253条规定了地上工作物脱落、坠落致人损害责任。除此之外，还将社会所关注的“高空抛物坠物问题”于第1254条专门规定。第1257条规定了树木、果实致人损害责任。第1255条、第1256条规定了堆放物致人损害责任。由此我们不难看出《民法典》立法的周延性、科学性以及对受害人的全面保护。

第四，物件损害责任的归责原则呈现出多元化的特点。归责，体现了法律的价值判断，简言之即行为人承担责任的基础和根据。与物件损害责任的不同类型相对应，《民法典》规定了物件损害责任的多元归责体系，即地面施工致人损害责任、堆放物致人损害责任等多数物件损害责任适用过错推定责任原则，抛掷物致人损害责任适用过错责任，地上工作物倒塌致人损害责任以及妨碍通行物致人损害责任适用无过错责任原则。此外，部分情况还引入了补偿责任区分物件损害责任的不同类型而适用不同的归责原则体现了对加害人不同程度的严格要求和对受害人合法权益的全面保护。

第五，物件损害责任的理论依据是权利义务相一致原则。由于物件是典型的法律关系客体而非主体，因而物件致人损害侵权肯定不能由物件承担责任，而是由物件的所有人或者管理人等承担相应的侵权责任。那么他们承担责任的理论依据何在？我们认为最具说服力的理论根据就是权利义务相一致原则。因为，物的所有人或者管理人所有或者管理下的物件肯定会为其带来一定的物质或者精神利益，根据权利义务相一致原则或者权利风险相一致原则，物的所有人或者管理人在充分享受这种利益的同时必须对其造成的损害承担相应的侵权责任。

具体到本案，我们不难看出它是典型的物件致人损害侵权案件的重要类型之一，即地面施工致人损害责任。《民法典》第1258条规定："在公共场所或者道路上挖掘、修缮安装地下设施等造成他人损害，施工人不能证明已经设置明显标志和采取安全措施的，应当承担侵权责任。窨井等地下设施造成他人损害，管理人不能证明尽到管理职责的，应当承担侵权责任。"案件中为某高校修缮地下水管的服务公司在该高校范围内进行全面的地下水管修缮工程，到处挖沟、掘开井盖进行作业。虽然设置了红色标志灯和栏杆路障，但是红色标志灯设置后几天就有不少自动失去照明功能，服务公司也没有对此情况及时采取相关措施，这种情况实际上与没有设置明显标志和采取安全措施并无两样。在设置明显标志和采取安全措施之后必须对其进行维护和管理，使其在整个施工期间都能够起到应有的作用，而案例中服务公司恰恰没有做到这一点，最终致使去操场锻炼身体的李某掉入深 2 米多的排水沟中，造成骨折，显然二者之间存在直接因果关系，应当由施工人即该服务公司承担相应的侵权责任。

在现实生活中，物件致人损害侵权是一种常见多发的特殊侵权案件类型，《民法典》对其作出了全面科学的规定，我们必须对其予以了解以便指导自己的行为，维护自己的合法权益。在物件致人损害侵权案件频发的背景下，物件所有人或者管理人必须吸取经验教训，对自己所管领的物件进行科学管理，尽到应有的注意义务，否则一旦致人损害就有可能要承担相应的侵权责任。

飞来横祸的求偿

· 案例回放

某住宅区前后两栋楼房相邻，居委会主任是一位老太太，中午时分到后一栋楼通知事情，出楼道时，还有两个老人在楼道口下象棋，刚打过招呼，从楼上坠落一个破旧的菜板子，用报纸包着，将老太太砸倒在地，两个老人回头观察，也没有发现究竟是谁家扔的，就急忙喊人将受害人送到医院，抢救后治愈。老太太向法院起诉，将该楼全体 56 户住户列为被告，要求承担损害赔偿责任。法院参照共同危险行为的基本规则，判决 56 户住户承担损害赔偿责任。

《民法典》第1254条规定："禁止从建筑物中抛掷物品。从建筑物中抛掷物品或者从建筑物上坠落的物品造成他人损害的，由侵权人依法承担侵权责任；经调查难以确定具体侵权人的，除能够证明自己不是侵权人的外，由可能加害的建筑物使用人给予补偿。可能加害的建筑物使用人补偿后，有权向侵权人追偿。物业服务企业等建筑物管理人应当采取必要的安全保障措施防止前款规定情形的发生；未采取必要的安全保障措施的，应当依法承担未履行安全保障义务的侵权责任。发生本条第一款规定的情形的，公安等机关应当依法及时调查，查清责任人。"从该条规定可以看出，抛掷物致人损害侵权适用公平责任原则。

27 什么是公平责任原则？

公平责任原则是指当事人双方对造成损害均无过错，但是按照法律的规定又不能适用无过错责任原则的情况下，由人民法院根据公平的观念，在考虑受害人损害、双方当事人的财产状况及其他相关情况的基础上，判令加害人对受害人财产损失予以适当补偿。

《民法典》第1186条规定："受害人和行为人对损害的发生都没有过错的，依照法律的规定由双方分担损失。"

公平责任原则不同于无过错责任原则，它适用于当事人均无过错的情形，同时它也区别于无过错责任原则，主要在于在公平责任原则之下免责事由很难适用。公平责任原则实质上是从公平角度进行考虑的一种损失分担机制，它体现了道德规范中的公平观念并将道德规范中的公平内容上升为法律内容，目的在于对损害的公平分担，体现了现代社会的公平正义要求。

《民法典》出台后，对于公平责任的适用范围进行了限缩，仅在法律规定的几种情况下才可适用。例如，《民法典》第182条第2款规定的紧急避险与《民法典》第183条规定的见义勇为情形下的补偿义务等。

28 抛掷物致人损害适用什么归责原则？

根据《民法典》第1254条的规定，我们不难看出抛掷物致人损害侵权适用公平责任原则，主要原因在于：

第一，抛掷物致人损害侵权适用公平责任原则体现了对人身侵害的特别保护。现代社会以人为本，生命健康权的价值位阶远远高于财产权，人们越来越关注对人自身的保护。

第二，损失分担理论。现代侵权责任立法既强调责任的承担，也注重损失的分担。损失分担应当公平合理，在具体的抛掷物致人损害侵权案件中，法官应当考虑可能的加害人与受害人哪一方更有赔付能力，一般而言，可能加害的建筑物使用人的赔付能力肯定高于单个的受害人，因此由可能加害的建筑物使用人公平分担损失。

第三，损害预防理论。现代侵权法不仅强调救济功能，还强调其预防功能。对抛掷物致人损害侵权适用公平责任原则，由距离损害发生原因最近的可能加害的建筑物使用人公平分担损失，可以督促业主积极采取措施，防范损害发生。

第四，公共安全理论。公共安全体现了一种社会利益。由可能加害的建筑物使用人公平分担损失虽然可能会使多数人的利益遭受损害，但与公共安全相比，其价值位阶较低，而且对于公共安全的维护最终也是对业主自身利益的维护。

在城市住宅小区中，抛掷物致人损害侵权较为容易发生。作为业主，我们应当尽到合理的注意义务，心中牢牢树立公共安全的理念，积极采取合理措施预防损害的发生，否则，一旦造成他人损害，法官就会基于公平责任原则的考量依据法律的规定由可能侵权的业主对受害人给予补偿，除非业主能够证明自己不是侵权人。当然，承担了损害赔偿责任的业主有权向侵权人追偿。

人格权保护篇

人格权是公民人身权的重要内容，保护人格权是人权理念的基本要求，法律对人格权也进行了具体规定。如果人格权受到侵犯，会严重影响个人的社会生活，例如若某人遭受他人的侮辱、诽谤，名誉权受到侵犯时，其自身精神上会极度痛苦，同时周围人对他的社会评价也会明显降低，这将严重影响他正常的工作和生活。而现实生活中，当我们的人格权受到不法侵犯的时候，很多人却不知如何维护自身的权益。

肖像权及其法律保护

俗话说“人活一张脸，树活一张皮”。我们每个人都会对自己的肖像极为珍视，因为在某种程度上，这代表着一个人的人格尊严。而对于一些公众人物来讲，肖像则更为敏感，因为他们的形象可以为他们带来丰厚的收益，与财产权益联系更为紧密。近日，关于媒体侵犯明星肖像权的报道经常见诸报端。那么在日常生活中，我们普通公民的肖像权有没有可能被侵犯？我们又应该如何保护自己的肖像权呢？

29 肖像权能否受法律保护？

在我国，肖像权作为公民的一项重要的具体人格权是由民法加以规定并保护的，它是指自然人对于自己的肖像享有利益并排斥他人侵害的权利。肖像权包括三个方面的权利：制作权、使用权和维护肖像权的请求权。它是一种绝对权，也就是说，未经本人同意，任何人无权制作和使用他人的肖像，任何人都负有不得侵害他人肖像权的义务，即不得恶意毁损、玷污、丑化他人的肖像，否则就要承担法律上的责任。对于个人来讲，公民可以通过行使或者转让自己肖像的使用权来获得经济收入。

《民法典》第1018条、第1019条规定："自然人享有肖像权，有权依法制作、使用、公开或者许可他人使用自己的肖像。肖像是通过影像、雕塑、绘画等方式在一定载体上所反映的特定自然人可以被识别的外部形象。任何组织或者个人不得以丑化、污损，或者利用信息技术手段伪造等方式侵害他人的肖像权。未经肖像权人同意，不得制作、使用、公开肖像权人的肖像，但是法律另有规定的除外。未经肖像权人同意，肖像作品权利人不得以发表、复制、发行、出租、展览等方式使用或者公开肖像权人的肖像。"侵害公民肖像权的行为，将承担《民法典》第995条规定的民事责任：人格权受到侵害的，受害人有权依照本法和其他法律的规定请求行为人承担民事责任。受害人的停止侵害、排除妨碍、消除危险、消除影响、恢复名誉、赔礼道歉请求权，不适用诉讼时效的规定。其中，认定行为人承担侵害除生命权、身体权和健康权外的人格权的民事责任，应当考虑行为人和受害人的职业、影响范围、过错程度，以及行为的目的、方式、后果等因素。

30 肖像权与著作权是否冲突？

日常生活中，普通公民可能遇到最多的侵犯肖像权的情况就是到影楼去拍摄照片，后来发现自己的照片被使用在别的场合，有的使用方式甚至严重损害到肖像权人的人格尊严。我国《著作权法》第 3 条中明确规定了美术、摄影作品属于著作权法所保护的对象。肖像往往是通过摄影、绘画、雕塑等造型艺术形式表现出来的，那么美术摄影作品肯定包括肖像作品。因此，肖像作品一般也受著作权法保护。这就意味着在我国，一幅肖像作品上肖像人的肖像权与肖像作品的著作权很可能发生冲突。

· 案例回放

李小姐在自己25岁生日那天到一家婚纱影楼拍摄了一套写真集，由于其天生丽质，摄影师的水平也比较高，因此拍摄效果特别好，李小姐满意而归。但是不久以后，李小姐在某商场的宣传画册上发现了自己在影楼拍摄的照片被用作了封面，但是该商场和影楼事先都没有通知李小姐。李小姐与影楼取得联系，要求该影楼支付照片的使用费，并且停止使用其照片的行为，但是影楼认为其对李小姐的照片享有著作权，其著作权的行使不受到限制。李小姐一怒之下，将影楼告上法庭。本案中李小姐当然享有肖像权；同时，任何人对于自己创作的作品也都享有著作权，作品一经创作完成，著作权就自然产生，该影楼当然也享有著作权。那本案中法律保护的究竟是著作权还是肖像权呢？

首先，影楼为李小姐拍写真，是经过其同意的，肖像制作权得到认可，因此影楼制作该写真在法律上是没有问题的。问题是，日后这些写真照如果被使用，是否会侵犯李小姐的肖像权。《民法典》第1019条第2款规定，未经肖像权人同意，不得制作、使用、公开肖像权人的肖像，但是法律另有规定的除外。其中，“另有规定”的情况就包括《民法典》第1020条的“合理使用”——合理实施下列行为的，可以不经肖像权人同意：（1）为个人学习、艺术欣赏、课堂教学或者科学研究，在必要范围内使用肖像权人已经公开的肖像；（2）为实施新闻报道，不可避免地制作、使用、公开肖像权人的

肖像;（3）为依法履行职责，国家机关在必要范围内制作、使用、公开肖像权人的肖像;（4）为展示特定公共环境，不可避免地制作、使用、公开肖像权人的肖像;（5）为维护公共利益或者肖像权人合法权益，制作、使用、公开肖像权人的肖像的其他行为。

所以，即便是经过肖像权人同意制作的照片，尽管制作者享有著作权，但是如欲进行使用，仍然需要征得肖像权人的同意，否则就构成侵权。当然，在这之前，双方可以通过签订合同，影楼向李小姐支付一定的使用费，就照片的使用达成协议，就可以避免发生类似的纠纷。

最终，法院认定该影楼在未经李小姐许可的情况下，以营利为目的授权某商场使用李小姐照片为侵犯其肖像权的行为，商场应立即停止使用该宣传册，影楼与商场均应向李小姐支付一定金额的赔偿。

31 名人的肖像权是否具有特殊性?

2005 年，某知名运动员针对北京某报及相关的 3 人侵犯其肖像权的行为向北京市海淀区人民法院提起诉讼，要求对方赔偿 125 万元。事情的起因是该报未经该运动员同意，在 2004 年 10 月 21 日的报纸头版使用了该运动员的大幅照片，并配有某商场购物节的广告。该期报纸的其他版面也在未经允许的情况下使用了该运动员的照片。北京市第一中级人民法院二审判决侵权的报社败诉，并应支付该运动员相应赔偿金。

未经许可以营利为目的使用运动员的肖像属于违法行为，法院已经加以认定并判令其赔偿。但是案件的背后，该知名运动员肖像权的归属问题更加值得关注。

本案中有关体育行政管理部门表态说，根据有关部门文件“国家级运动员的肖像权等无形资产属国家所有”。在法律面前，这份文件是否有法律效力呢？从《民法典》的规定来看，肖像权是一种公民人身权，它只能属于自然人，即由公民个人享有。体育总局的文件虽然有一定的规范效力，但是其作为一个机关法人，是不拥有公民的肖像权的，因此其下发的文件中与国家法律法规相抵触的内容是无效的。事实上运动员只是一种职业，体育行政部门只能在工作或业务上对运动员有管理权。包括肖像权在内的人身权利与运动员本身是不可分割的，应该属于运动员个人。

总之，肖像是一个社会人身份和人格的象征，每个人都应该维护好自己的肖像权，也可以在法律允许的范围内，通过行使肖像权为自己带来经济利益。

名誉权的保护

· 案例回放

刘某和黄某均为某企业同一宿舍的女工。一天，刘某发现某期刊上开设的征婚栏挺有意思，便想假冒黄某写一个征婚启事来逗黄某玩。很快，她就写好了一份征婚启事，在抄写清楚后寄了出去。这份征婚启事被登载后，同厂的许多人便对黄某指指点点，黄某的男友也因此离她而去。黄某感觉受到了莫大伤害，不但和刘某闹僵了，还以刘某侵害其名誉权为由，向法院提起诉讼。人民法院判决认定刘某的行为已构成了对黄某名誉权的侵害，判令刘某立即消除影响，并赔偿黄某500元。名誉权已经不再是沉睡在法律条文中的权利，我们在现实生活中越来越多地接触到侵犯名誉权的事件，这不由地为我们保护自己的名誉权敲响了警钟。

32 名誉权是什么？

对于名誉权是什么，很多人并没有一个很清楚的认识。我国《民法典》第1024条规定："民事主体享有名誉权。任何组织或者个人不得以侮辱、诽谤等方式侵害他人的名誉权。名誉是对民事主体的品德、声望、才能、信用等的社会评价。"因此，所谓名誉，是指对民事主体的品德、声望、才能、信用等的社会评价。名誉权是指民事主体对自己在社会生活中所获得的社会评价即自己的名誉，依法所享有的不可侵犯的权利。

名誉直接关系到民事主体的人格尊严，它是民事主体进行民事活动，乃至其他社会活动的基本条件。我们所说的不仅仅包括每一个公民所拥有的名誉，法人也拥有自己的名誉。法人的名誉代表其社会的信誉，这种信誉是法人在比较长的时间内，在它的整个活动中逐步形成的，特别是企业法人的名誉，反映了社会对它在生产经营等方面表现的总体评价，法人的名誉往往对其生产经营和经济效益产生重大的影响。

33 侵犯名誉权有哪些方式？

一般来说，侵犯他人名誉权有以下几种常见的形式：侮辱、诽谤、泄露他人隐私等。

所谓侮辱，是指用语言（包括书面和口头）或行动，公然损害他人人格、毁坏他人名誉的行为。例如，用漫画或极其下流、肮脏的语言等形式辱骂、嘲讽他人、使他人的心灵蒙受耻辱等。

所谓诽谤，是指捏造并散布某些虚假的事实，破坏他人名誉的行为。例如，毫无根据或捕风捉影地捏造他人作风不好，并四处张扬、损坏他人名誉，使他人精神受到很大痛苦。

侮辱、诽谤是常见的名誉侵权行为，对法人名誉的侵害，主要表现在散布有损法人名誉的虚假消息，如虚构某种事实，污蔑某工厂的产品质量如何低劣，意图用不正当的竞争手段搞垮对方等，这些都是侵害法人名誉权的侵权行为。

所谓泄露并宣扬他人隐私，是指宣扬他人与法律和公共利益不相违背，有损他人人格名声的私生活。泄露并宣扬他人隐私给他人声誉造成不良影响的，也是侵害名誉权的行为，加害人要承担名誉侵权的法律责任。在这里，隐私权的保护是附加在名誉权上的，之后的司法解释承认了隐私权的独立性。

随着社会的发展，侵害名誉权的方式也愈加丰富，《民法典》第1027条规定，行为人发表的文学、艺术作品以真人真事或者特定人为描述对象，含有侮辱、诽谤内容，侵害他人名誉权的，受害人有权依法请求该行为人承担民事责任。行为人发表的文学、艺术作品不以特定人为描述对象，仅其中的情节与该特定人的情况相似的，不承担民事责任。第 1028 条规定，民事主体有证据证明报刊、网络等媒体报道的内容失实，侵害其名誉权的，有权请求该媒体及时采取更正或者删除等必要措施。

在了解这些以后，我们就能对某些行为是否侵犯了自己的名誉权有了一个比较初步的判断。

34 如何判断名誉权被侵犯?

并不是所有以上表述的行为都会侵犯我们的名誉权，只有在同时满足以下几个条件时，才可以诉诸法律。

（1）名誉侵权的被侵害人是特定的人。也就是说，侵权人不一定要指名道姓，只要其侵犯的对象是特定环境、特定条件下具体的人，虽然没有指名道姓，也同样可以构成对他人名誉权的侵害。例如，某些“纪实”文学作品，在描写中对特定的人进行侮辱、诽谤，虽然使用的是代号或假名，但读者一看便知晓其所指的对象，这当然不能因其使用的是代号或假名而否定作者侵权。

（2）名誉侵权的行为人主观上有过错，包括故意或过失。不论是故意，还是过失，只要加害人有过错，并在客观上造成了对他人名誉的毁损，就应承担名誉侵权的法律责任。例如，报纸杂志刊登、发表有损他人名誉的文章，一般都是因报纸、杂志社对刊登的文章审查不严等过失而卷入名誉侵权纠纷之中，在处理这类纠纷时，并不能因为是过失而免除报纸、杂志社的责任，这一点与刑法上的侮辱罪、诽谤罪的构成显然不同，后者行为人必须具有侵害他人名誉的故意，即行为人必须是具有贬低他人人格、破坏他人名誉的犯意，若只是过失，则不构成侮辱罪、诽谤罪。

（3）名誉侵权在客观方面具有明显损害他人名誉的事实。所谓名誉侵权的事实，是指行为人从事了法律所禁止的有损他人人格、名誉的行为而给被害人带来了名誉方面的损害。有的人会认为，只要说的、写的是真实的，就谈不上名誉侵权。这种提法事实上是不正确的，我们认为，陈述的内容虚假与否，不是名誉侵权的必要前提。关键在于，所陈述的内容是否是法律所禁止的，是否有损他人的人格、名誉。如果陈述虚假，但无损于他人人格、名誉，不违反法律，则尽管虚假，也不构成名誉侵权。相反，如果明显违法，发表有损他人人格、名誉的言论，涉及的事实虽然真实，也可构成名誉侵权，甚至这种言论所涉及的事实越真实，越会侵权。比如，为毁坏他人名誉而揭人隐私，越“揭”得逼真，其侵权情节越为恶劣。

只有同时满足了以上条件，侵权人对他人名誉权的侵犯才能成立，否则要么不构成侵权行为，要么则可能构成侵犯其他人身权利的行为。同时，我们在保护自己名誉权的同时，也有必要注意自身的行为，避免侵犯他人名誉权。

35 名誉侵权承担责任的方式有哪些？

《民法典》规定，名誉侵权主要有如下几种承担责任的方式，即停止侵害、消除影响、恢复名誉、赔礼道歉、赔偿损失，判令侵权人承担责任时，这些方式既可以单独适用，也可以合并适用。

（1）停止侵害。所谓停止侵害，是指侵害名誉权的行为尚在进行的情况下承担的民事责任。人民法院在处理名誉权纠纷案件中，如果侵权人尚未停止侵权行为，我们可以要求办案人员规劝侵害人自觉停止侵权行为；如果侵权人既未停止侵权行为，又不接受批评教育，可以责令其停止侵害；如果侵权人仍不履行，可以采取训诫，责令具结悔过、罚款、拘留等强制措施，强制侵权人停止侵权行为。

（2）赔礼道歉。所谓赔礼道歉，是指侵权人向受害人承认其侵害了名誉权、诚恳认错并表示歉意。

（3）赔偿损失。所谓赔偿损失，是指因侵害他人名誉权的行为给他人造成损失时应承担的民事责任。赔偿损失分为财产损失赔偿和精神损失赔偿。财产损失赔偿数额，应按给受害人造成的实际损失计算，实际损失无从计算的，可按通常平均减少的收入计算。精神损失是一种无形损失，它无法用价值和货币计算。精神损害赔偿数额的确定，我们应当主要考虑以下因素：侵权行为所造成的后果、侵权人承担责任的能力以及受诉地法院所在地的平均生活水平。

（4）消除影响、恢复名誉。消除影响、恢复名誉，是指公民和法人的名誉权受到不法侵害的，有权通过人民法院要求侵权人在影响所及之范围内以公开形式承认侵害过错，澄清事实或者解除、消除所造成的不良影响，以恢复未受损害时社会对其品行、才能和信用的良好评价。侵权人在多大范围内造成了影响就应当在多大范围内消除影响。

名誉权是法律赋予公民或法人的重要人身权利，是体现人格尊严最重要、最本质的一种权利。我们应当充分重视这一项法律赋予我们的权利。

守护自己的隐私权

· 案例回放

吴某因牙龈上火去何某所在诊所就诊，何某为吴某注射“胸腺肽”后病情未见好转，吴某被送往某市医院，经救治，病情好转后出院。后吴某住进袁某所在医院中医科治疗，在医院病案室复印病历，但打开病历，发现首页上印有何某的身份证复印件，吴某意识到病历已被何某复印。6月11日，吴某向袁某所在医院进行举报，医院调查得知，原来是何某到该院请同学袁某帮忙复印了吴某的病历。事发后，医院将复印病历追回。同时，医院对袁某作出处罚。

但吴某认为，医院只对袁某进行了处罚，而事件直接责任人是何某，他却一直未受到任何处理。为保护自己的隐私权，吴某以隐私权被侵犯为由将何某、袁某起诉到法院。人民法院经调查认为，病历属于病人所有，医务人员私自复印患者病历，侵犯了病人的隐私权，故判决何某与袁某赔付吴某2万元，并当面道歉。众所周知，隐私一般被认为是私人生活秘密，是那些与公共利益和群体利益无关的，当事人不愿公开、不愿为人知晓的私人生活秘密。我国法律在保护隐私权方面还不是很完善，因此普通公民有必要加强自身权益的保护意识。

36 隐私究竟“隐去”的是什么?

当前，隐私权这一名词已经为许多人所熟悉。所谓隐私权又称私生活秘密权或个人生活秘密权，它是现代国际社会和各国宪法、法律广泛承认与保护的公民的一项基本权利，体现了社会文明的进步。通俗而言，隐私权，是指公民就自己个人私事、个人信息等个人生活领域内的事情不为他人所知悉，禁止他人干涉个人生活安宁的权利。

37 哪些行为侵害了我们的隐私?

我国《宪法》第38条、第39条和第40条规定，公民人格尊严不受侵犯，公民的住宅不受侵犯，公民的通信秘密受法律保护。《民法典》第1032条规定:“自然人享有隐私权。任何组织或者个人不得以刺探、侵扰、泄露、公开等方式侵害他人的隐私权。隐私是自然人的私人生活安宁和不愿为他人知晓的私密空间、私密活动、私密信息。”

具体侵害行为有：

（1）侵入侵扰。私自侵入他人住宅，搜查他人住宅或者以其他方式破坏他人居住安宁的，是侵害他人隐私权的行为。

（2）监听监视。私自对他人的行踪及住宅、居所等进行监听、监视，安装窃听装置或者摄像设备等，属于侵害他人隐私权的行为。例如，在厕所内安装摄像头，又如妻子雇人偷拍丈夫婚外情行为，误将他人洗澡的镜头拍入。

（3）窥视。故意窥视他人居住，利用望远镜或者其他设备偷看他人的私生活，或者私自拍摄他人室内私人生活的照片或者录像片等，应当认为是侵害他人隐私权的行为。

（4）刺探。故意调查刺探他人的通信或者其他私人文件的内容，非法刺探调查他人的性生活，非法刺探调查他人的财产状况等隐私资料，应当被认为是侵害他人隐私权的行为。

（5）搜查。在公共场所或工作场所，非法搜查他人身体或者财物的行为，属于侵害他人隐私权的行为。例如，上海市一名女大学生在某超市购物后出门时，被认为有偷窃行为，由男保安拦住强行搜身。当然这同时也侵犯了此学生的人身自由和人格尊严。

（6）干扰。非法干扰他人生活，利用电话等方式骚扰他人，应当被认为是侵害他人隐私权的行为。

（7）披露、公开或宣扬。非法披露、公开或宣扬他人的隐私资料，如他人的个人数据、婚恋史、受害记录、疾病史、财产状况以及过去和现在的其他属于受害人的隐私范围的一些资料、信息都是侵害他人隐私权的行为。披露、公开或宣扬都是向第三人传播受害人的隐私资料或信息的表现形式，其具体做法可以是口头的，也可以是书面的，还可以是通过现代通信技术（如传真，网络）及其他足以使第三人知悉的方式进行。

当然，现实生活中存在更多的侵犯隐私的行为，我们要学会保护自己的隐私，就必须了解各种的侵犯行为，做好自我防范工作。

38 隐私权和名誉权怎样区分？

权利得到实现，在很大程度上是依靠法院的判决，但是由于法律自身的缺陷，使得普通人很难区分究竟什么是隐私，什么是名誉。这给我们保障自身权益带来不小的阻碍。这里，我们需要对这两种看似相似的权利作一定的区别。

首先，两者保护的客体不同。名誉权保护的是个人正常的社会评价，是个人不受歪曲的权利；而隐私权保护的是个人与公共生活无关的那一部分私生活领域，是个人不受干扰的权利。

其次，两者的内容性质不同。侵害他人名誉权的内容多为无中生有，是虚假捏造的，对当事人的名誉产生打击、伤害；而侵害他人隐私权的内容则是真实的、客观存在的情况，并非捏造出来的，只是违背当事人的意愿，擅自予以获取、公开。

再次，两者的手段不同。侵害名誉权多采用捏造、侮辱、诽谤等手段，将侵害的内容公开以达到侵害目的；而侵害隐私权不仅包括传播、公布他人隐私，也包括以非法的手段获取他人隐私。

最后，特别是在新闻传播活动中对应的权利不同。保护名誉权的核心问题是确保传播内容的真实性、准确性，避免各种与实际情况不符的有损他人社会评价的虚假的事实和评论；保护隐私权的核心问题是传播内容的公开性和透明度必须有一定的限度，避免涉及那些不应该擅自公开的私生活领域。

隐私权是随着人类文明发展到一定阶段，公民的个人独立自由、人格尊严日益受到重视而出现的一种新型的、独立的人格权。我们应当切实地保护自己的隐私权。

39 个人信息受法律保护吗?

姓名、出生日期、身份证件号码、住址、电话号码、电子邮箱等，这些信息看起来微不足道，却一路伴随我们成长，成为我们身份的另一种象征。若被有心之人利用，也会使我们徒增烦恼。那么，这些信息是否也受法律保护呢?

《民法典》第1034条对此加以规定，自然人的个人信息受法律保护。个人信息是以电子或者其他方式记录的能够单独或者与其他信息结合识别特定自然人的各种信息，包括自然人的姓名、出生日期、身份证件号码、生物识别信息、住址、电话号码、电子邮箱、健康信息、行踪信息等。个人信息中的私密信息，适用有关隐私权的规定；没有规定的，适用有关个人信息保护的规定。

第1035条规定，处理个人信息的，应当遵循合法、正当、必要原则，不得过度处理，并符合下列条件：（1）征得该自然人或者其监护人同意，但是法律、行政法规另有规定的除外；（2）公开处理信息的规则;（3）明示处理信息的目的、方式和范围;（4）不违反法律、行政法规的规定和双方的约定。个人信息的处理包括个人信息的收集、存储、使用、加工、传输、提供、公开等。

第1036条规定，处理个人信息，有下列情形之一的，行为人不承担民事责任:（1）在该自然人或者其监护人同意的范围内合理实施的行为;（2）合理处理该自然人自行公开的或者其他已经合法公开的信息，但是该自然人明确拒绝或者处理该信息侵害其重大利益的除外;（3）为维护公共利益或者该自然人合法权益，合理实施的其他行为。

第1037条规定，自然人可以依法向信息处理者查阅或者复制其个人信息；发现信息有错误的，有权提出异议并请求及时采取更正等必要措施。自然人发现信息处理者违反法律、行政法规的规定或者双方的约定处理其个人信息的，有权请求信息处理者及时删除。

第1038条规定，信息处理者不得泄露或者篡改其收集、存储的个人信息；未经自然人同意，不得向他人非法提供其个人信息，但是经过加工无法识别特定个人且不能复原的除外。信息处理者应当采取技术措施和其他必要措施，确保其收集、存储的个人信息安全，防止信息泄露、篡改、丢失；发生或者可能发生个人信息泄露、篡改、丢失的，应当及时采取补救措施，按照规定告知自然人并向有关主管部门报告。

第1039条规定，国家机关、承担行政职能的法定机构及其工作人员对于履行职责过程中知悉的自然人的隐私和个人信息，应当予以保密，不得泄露或者向他人非法提供。

著作权篇

著作权是与我们每个人都息息相关的权利，尤其是对于拥有一定学历和受过高等教育的知识分子而言，著作权不仅彰显着作为作者的资格和荣誉，而且更能够为创作者带来可观的收入。掌握著作权法的基本规定，可以使作者充分维护自身的权利。同时在日常生活中也要注意，我们引用他人作品的行为可能会侵犯他人的著作权。因此，如何合理使用他人的作品，使作者的智力成果能为社会合理地利用，创造更多的财富，也是著作权法律制度所关注的重要层面。

什么是著作权

· 案例回放

画家王某经常即兴作画，赠送好友张某，几年后张某已收藏王某30多幅画。张某从中选出25幅交给某出版社，该出版社后以《王某画册》为名出版了署名王某的画册。王某得知后十分气愤，认为张某及出版社侵犯了自己的著作权，要求张某和出版社赔偿侵犯其著作权所造成的损失并停止侵权。张某却认为王某将画作赠与自己的行为实际上也转移了对于画作的著作权，自己行使对作品的著作权是合法的。王某后诉至法院。本案例是关于画作所有权转移后的著作权归属问题。

《著作权法》第20条规定："作品原件所有权的转移，不改变作品著作权的归属，但美术、摄影作品原件的展览权由原件所有人享有。作者将未发表的美术、摄影作品的原件所有权转让给他人，受让人展览该原件不构成对作者发表权的侵犯。"根据此条规定，本案中该画作的发表权、姓名权属于王某，张某和出版社未经其同意即出版，侵犯了王某的著作权。

40 著作权的基本内容有哪些?

著作权是基于文学艺术和科学作品而产生的权利，是知识产权的重要组成部分。在我国法律中，著作权的权利客体主要包括：文字作品、口述作品、音乐、戏剧、曲艺、舞蹈、杂技艺术作品、美术、建筑作品、摄影作品、电影作品和以类似摄制电影的方法创作的作品、工程设计图、产品设计图、地图、示意图等图形作品和模型作品、计算机软件等作品。著作权的取得一般是自作品完成之日起，也就是说，当文学、摄影、美术等作品完成创作之时，影视作品等摄制完成时，作者就取得了相应的著作权。

著作权包括人身权和财产权，《著作权法》第10条规定了著作权包括下列人身权和财产权：(1)发表权，即决定作品是否公之于众的权利；（2）署名权，即表明作者身份，在作品上署名的权利；（3）修改权，即修改或者授权他人修改作品的权利；（4）保护作品完整权，即保护作品不受歪曲、篡改的权利；（5）复制权，即以印刷、复印、拓印、录音、录像、翻录、翻拍、数字化等方式将作品制作一份或者多份的权利；（6）发行权，即以出售或者赠与方式向公众提供作品的原件或者复制件的权利；（7）出租权，即有偿许可他人临时使用视听作品、计算机软件的原件或者复制件的权利，计算机软件不是出租的主要标的的除外；（8）展览权，即公开陈列美术作品、摄影作品的原件或者复制件的权利；（9）表演权，即公开表演作品，以及用各种手段公开播送作品的表演的权利；（10）放映权，即通过放映机、幻灯机等技术设备公开再现美术、摄影、视听作品等的权利；（11）广播权，即以有线或者无线方式公开传播或者转播作品，以及通过扩音器或者其他传送符号、声音、图像的类似工具向公众传播广播的作品的权利，但不包括本款第十二项规定的权利；（12）信息网络传播权，即以有线或者无线方式向公众提供，使公众可以在其选定的时间和地点获得作品的权利；（13）摄制权，即以摄制视听作品的方法将作品固定在载体上的权利；（14）改编权，即改变作品，创作出具有独创性的新作品的权利；（15）翻译权，即将作品从一种语言文字转换成另一种语言文字的权利；（16）汇编权，即将作品或者作品的片段通过选择或者编排，汇集成新作品的权利；（17）应当由著作权人享有的其他权利。著作权人可以许可他人行使前款第五项至第十七项规定的权利，并依照约定或者本法有关规定获得报酬。著作权人可以全部或者部分转让本条第一款第五项至第十七项规定的权利，并依照约定或者本法有关规定获得报酬。

我们知道，著作权法主要是为了保护著作权人的权利，但是法律对权利的保护是有期限的，超过法定期限，法律就不再对其进行保护，其他人可以不经权利人允许而进行使用。《著作权法》第22条、第23条规定，对作者的署名权、修改权、保护作品完整权没有期限限制，而作品的发表权以及《著作权法》第10条第1款第5项至第17项权利的保护期是作者终生及其死亡后50年，截止于这一年的12月31日，如果是合作作品，截止于最后死亡的作者死亡后第50年的12月31日。

41 你了解合作作品和职务作品吗？

对于作家而言，完成一部作品往往需要数月甚至数载春秋，因此，在要求效率的现代社会，很多领域内的专著往往是由数位作者一起合作完成。另外，现实生活中也存在这样的情况：职工在完成单位布置的任务时也完成了对一部作品的创作，作品问世之后，可能会发生著作权归属的纠纷和争议。这样的情况应该怎么处理呢？

按照《著作权法》第14条规定，两人以上合作创作的作品，著作权由合作作者共同享有。没有参加创作的人，不能成为合作作者。合作作品的著作权由合作作者通过协商一致行使；不能协商一致，又无正当理由的，任何一方不得阻止他方行使除转让、许可他人专有使用、出质以外的其他权利，但是所得收益应当合理分配给所有合作作者。合作作品可以分割使用的，作者对各自创作的部分可以单独享有著作权，但行使著作权时不得侵犯合作作品整体的著作权。

为完成自己的工作任务所创作的作品是职务作品，著作权通常由作者享有，单位仅在业务范围内优先使用的权利。在作品完成两年之内，未经单位许可，作者不得许可第三人以与其单位使用的相同方式使用其作品。

但是在一些特殊情况下，作品的著作权由法人或非法人组织享有，作者有署名权，这主要是指利用法人或者非法人组织的物质技术条件创作，并由法人或者非法人组织承担责任的工程设计图、产品设计图、地图、示意图、计算机软件等职务作品；报社、期刊社、通讯社、广播电台、电视台的工作人员创作的职务作品；法律、行政法规规定或者合同约定著作权由法人或者非法人组织享有的职务作品。因此在完成单位任务之前，可能的话，作者应该和法人或非法人组织对著作权权属做出约定，这样将来纠纷发生就有据可依。另外，如果法律、行政法规有特别规定，著作权则依法应当由法人或非法人组织享有。不过，作者也不必因此而丧失创作热情，因为《著作权法》第18条规定，这种情况下，作者有获得法人或非法人组织奖励的权利。

如何理解著作权侵权

42 什么情况下不侵权？

在信息时代的今天，我们平时写论文，搜集资料等经常会大量引用他人已经发表的文章内容，这似乎已经是对他人著作权的侵犯了，但是法律规定了一些特殊情形，在这些情况下使用他人作品，可以不经著作权人许可，不向其支付报酬，但应当指明作者姓名、作品名称，并且不得侵犯著作权人依照法律享有的其他权利，这在著作权法中称为“合理使用”。

依据《著作权法》第24条的规定，这些情形主要包括：(1)为个人学习、研究或者欣赏，使用他人已经发表的作品；(2)为介绍、评论某一作品或者说明某一问题，在作品中适当引用他人已经发表的作品；(3)为报道新闻，在报纸、期刊、广播电台、电视台等媒体中不可避免地再现或者引用已经发表的作品；(4)报纸、期刊、广播电台、电视台等媒体刊登或者播放其他报纸、期刊、广播电台、电视台等媒体已经发表的关于政治、经济、宗教问题的时事性文章，但著作权人声明不许刊登、播放的除外；(5)报纸、期刊、广播电台、电视台等媒体刊登或者播放在公众集会上发表的讲话，但作者声明不许刊登、播放的除外；(6)为学校课堂教学或者科学研究，翻译、改编、汇编、播放或者少量复制已经发表的作品，供教学或者科研人员使用，但不得出版发行；(7)国家机关为执行公务在合理范围内使用已经发表的作品；(8)图书馆、档案馆、纪念馆、博物馆、美术馆、文化馆等为陈列或者保存版本的需要，复制本馆收藏的作品；(9)免费表演已经发表的作品，该表演未向公众收取费用，也未向表演者支付报酬，且不以营利为目的；(10)对设置或者陈列在公共场所的艺术作品进行临摹、绘画、摄影、录像；(11)将中国公民、法人或者非法人组织已经发表的以国家通用语言文字创作的作品翻译成少数民族语言文字作品在国内出版发行;(12)以阅读障碍者能够感知的无障碍方式向其提供已经发表的作品;(13)法律、行政法规规定的其他情形。

43 哪些行为是著作权侵权行为?

由于著作权法对于权利作出了类似以上“合理使用”的限制，权利人有时候可能会弄不清楚自己的著作权到底有没有被侵犯。那么，究竟哪些行为是侵犯著作权的行为呢？下文根据《著作权法》第 52 条把这些行为作一大体梳理，给读者们提个醒。

有下列侵权行为的，应当根据情况，承担停止侵害、消除影响、赔礼道歉、赔偿损失等民事责任:(1)未经著作权人许可，发表其作品的;(2)未经合作作者许可，将与他人合作创作的作品当作自己单独创作的作品发表的;(3)没有参加创作，为谋取个人名利，在他人作品上署名的;(4)歪曲、篡改他人作品的;(5)剽窃他人作品的;(6)未经著作权人许可，以展览、摄制视听作品的方法使用作品，或者以改编、翻译、注释等方式使用作品的，本法另有规定的除外;(7)使用他人作品，应当支付报酬而未支付的;(8)未经视听作品、计算机软件、录音录像制品的著作权人、表演者或者录音录像制作者许可，出租其作品或者录音录像制品的原件或者复制件的，本法另有规定的除外;(9)未经出版者许可，使用其出版的图书、期刊的版式设计的;(10)未经表演者许可，从现场直播或者公开传送其现场表演，或者录制其表演的;(11)其他侵犯著作权以及与著作权有关的权利的行为。

以上就是主要的侵犯著作权的行为类型，在生活中，我们既可能被他人侵犯著作权，也有可能在不经意间损害他人的著作权益，所以我们还需要未雨绸缪，多了解一些著作权法的规定，做到既不侵犯别人的权利，又能让他人的智力成果为自己所用，为社会服务。

索赔指南篇

有句谚语："有侵害就有救济。"当我们的权利受到侵犯时，法律提供给我们的救济方式首要的就是对方的赔偿，这是最切实也是最能弥补侵害后果的法律救济。那么索赔的程序和索赔的相关法律有哪些，又该如何简便有效地索赔呢？笔者希望以下这节内容能回答这些问题。

赔偿主体的确定

前面已经给大家说过了生活中我们可能遇到的很多的不幸情况，每到这个时候，大家就要拿起法律的武器来维护自己的权利，包括获得人身损害赔偿的权利，对于赔偿金的数额大家一定非常关心，所以，笔者在此专门给出了关于赔偿的一些法律规定，在大家遇到这方面的问题时以供大家参考。本篇作为上篇就主要介绍赔偿义务人的认定问题，即遇到侵权时应该找谁来赔偿的问题。

44 多人造成的侵权谁来赔？

· 案例回放

小时候，有个邻居家的孩子被人打伤了眼睛，他的家长找到了当时参与打人的三个小孩，问他们是谁打伤的眼睛，他们都予以否认，结果到底是谁打的一直没查出来，就这样，三个小孩的父母平均承担了受伤者的损失，每人赔偿了一万元。那么，这是何道理呢？

《民法典》第1170条规定，二人以上实施危及他人人身、财产安全的行为，其中一人或者数人的行为造成他人损害，能够确定具体侵权人的，由侵权人承担责任；不能确定具体侵权人的，行为人承担连带责任。第1171条规定，二人以上分别实施侵权行为造成同一损害，每个人的侵权行为都足以造成全部损害的，行为人承担连带责任。第1172条规定，二人以上分别实施侵权行为造成同一损害，能够确定责任大小的，各自承担相应的责任；难以确定责任大小的，平均承担责任。

这些规定说得非常明确，本案这么做的道理就在于，在没有确定是谁打伤伤者的情况下，就要求三个人都要负责赔偿，而且是平均责任。当然，如果有人能证明自己无辜，他就可以免除这份赔偿责任了。

45 一些特殊情况的赔偿主体如何确定？

在饭店、商场、娱乐场所有时人们会发生某些意外。这些意外由谁来赔偿呢？《民法典》第1198条第1款规定，宾馆、商场、银行、车站、机场、体育场馆、娱乐场所等经营场所、公共场所的经营者、管理者或者群众性活动的组织者，未尽到安全保障义务，造成他人损害的，应当承担侵权责任。比如，饭店、商场地滑，他们应该摆出告示以提示顾客小心。否则顾客不慎摔倒、摔伤，就应该由饭店、商场来赔偿。

同时，公司或者其他组织的法定代表人、负责人以及工作人员，在执行职务中致人损害的，应由该法人或者其他组织承担民事责任。如果这些人员实施的是与职务无关的个人行为，致人损害，那么就应当由行为人自己来承担赔偿责任。

46 雇员及帮工人造成损害由谁赔偿？

有时我们会遇到这种情况，饭店的服务员在端菜的过程中，把菜汤不小心撒在了顾客身上，烫伤了顾客。这应该由谁来赔偿呢？这应该由饭店来赔，依据是以下的法律规定：

《民法典》第1191条规定，用人单位的工作人员因执行工作任务造成他人损害的，由用人单位承担侵权责任。用人单位承担侵权责任后，可以向有故意或者重大过失的工作人员追偿。劳务派遣期间，被派遣的工作人员因执行工作任务造成他人损害的，由接受劳务派遣的用工单位承担侵权责任；劳务派遣单位有过错的，承担相应的责任。

在日常生活中，一家人的力量总是有限的，办婚丧嫁娶等事情时，常会有一些邻里、朋友帮忙的情况。这些大多数都是无偿的，如果收钱就不能说成是“帮忙”了。那么，这些法律上所说的帮工人如果不幸出现了意外，医药费之类的费用应该由谁来承担呢？《最高人民法院关于审理人身损害赔偿案件适用法律若干问题的解释》第 4 条规定，无偿提供劳务的帮工人，在从事帮工活动中致人损害的，被帮工人应当承担赔偿责任。被帮工人承担赔偿责任后向有故意或者重大过失的帮工人追偿的，人民法院应予支持。被帮工人明确拒绝帮工的，不承担赔偿责任。第 5 条又规定，无偿提供劳务的帮工人因帮工活动遭受人身损害的，根据帮工人和被帮工人各自的过错承担相应的责任；被帮工人明确拒绝帮工的，被帮工人不承担赔偿责任，但可以在受益范围内予以适当补偿。帮工人在帮工活动中因第三人的行为遭受人身损害的，有权请求第三人承担赔偿责任，也有权请求被帮工人予以适当补偿。被帮工人补偿后，可以向第三人追偿。

由此可见，即使人家是自愿帮工的，帮工人受了伤或者发生其他的意外，被帮工人无论是在道义上还是在法律上都要负责他的损失。对于帮工人不慎给另外一些人造成了损害，也还是由被帮工人负责。当然，如果有人非要帮您忙，而您已明确拒绝了，出现问题时就不用或只需较少地负责了。

人身损害赔偿金额由法律明确规定

上篇已经说了大家遇到人身伤害时，要向谁索赔的问题。这一篇就是要告诉大家关于赔偿金额的计算问题。在此，笔者就来为大家解答人身损害赔偿金到底包括哪些项目，如何计算等问题。

47 遭受损害后应得到哪些赔偿?

根据《民法典》第1179条的规定，受害人遭受人身损害，应得到的赔偿金具体包括:

（1）治疗期间的相关费用。包括医疗费、护理费、交通费、住院伙食补助费、营养费等为治疗和康复支出的合理费用。

（2）因误工减少的收入。

（3）受害人因伤致残的相关费用。包括残疾赔偿金和残疾辅助器具费。

（4）受害人死亡的，还应当赔偿丧葬费和死亡赔偿金。

此外还有关于精神损害的规定，由于下篇会集中介绍，所以这里就不再赘述。

48 治疗期间相关费用如何计算?

根据《最高人民法院关于审理人身损害赔偿案件适用法律若干问题的解释》第6条至第11条的规定，治疗期间相关费用的各个项目额依下列方法计算:

（1）医疗费。根据医疗机构出具的医药费、住院费等收款凭证，结合病历和诊断证明等相关证据确定。如果赔偿义务人对治疗的必要性和合理性有异议的，应当承担相应的举证责任。

医疗费的赔偿数额，按照一审法庭辩论终结前实际发生的数额确定。器官功能恢复训练所必要的康复费、适当的整容费以及其他后续治疗费，赔偿权利人可以待实际发生后另行起诉。但根据医疗证明或者鉴定结论确定必然发生的费用，可以与已经发生的医疗费一并予以赔偿。

（2）误工费。根据受害人的误工时间和收入状况确定。误工时间根据受害人接受治疗的医疗机构出具的证明确定。受害人因伤致残持续误工的，误工时间可以计算至定残日前一天。受害人有固定收入的，误工费按照实际减少的收入计算。受害人无固定收入的，按照其最近3年的平均收入计算；受害人不能举证证明其最近3年的平均收入状况的，可以参照受诉法院所在地相同或者相近行业上一年度职工的平均工资计算。

（3）护理费。根据护理人员的收入状况和护理人数、护理期限确定。护理人员有收入的，参照误工费的规定计算；护理人员没有收入或者雇佣护工的，参照当地护工从事同等级别护理的劳务报酬标准计算。护理人员原则上为一人，但医疗机构或者鉴定机构有明确意见的，可以参照确定护理人员人数。护理期限应计算至受害人恢复生活自理能力时止。受害人因残疾不能恢复生活自理能力的，可以根据其年龄、健康状况等因素确定合理的护理期限，但最长不超过20年。受害人定残后的护理，应当根据其护理依赖程度并结合配制残疾辅助器具的情况确定护理级别。

（4）交通费。根据受害人及其必要的陪护人员因就医或者转院治疗实际发生的费用计算。交通费应当以正式票据为凭；有关凭据应当与就医地点、时间、人数、次数相符合。

（5）住院伙食补助费。可以参照当地国家机关一般工作人员的出差伙食补助标准予以确定。受害人确有必要到外地治疗，因客观原因不能住院，受害人本人及其陪护人员实际发生的住宿费和伙食费，其合理部分应予赔偿。

（6）营养费。根据受害人伤残情况参照医疗机构的意见确定。

49 因伤致残相关费用如何计算？

根据《最高人民法院关于审理人身损害赔偿案件适用法律若干问题的解释》第 12 条、第 13 条的规定，因伤致残的相关费用可以依如下方法计算：

（1）残疾赔偿金根据受害人丧失劳动能力程度或者伤残等级，按照受诉法院所在地上一年度城镇居民人均可支配收入或者农村居民人均纯收入标准，自定残之日起按 20 年计算。但 60 周岁以上的，年龄每增加一岁减少一年；75 周岁以上的，按 5 年计算。受害人因伤致残但实际收入没有减少，或者伤残等级较轻但造成职业妨害严重影响其劳动就业的，可以对残疾赔偿金作相应调整。此外，被扶养人的生活费也计入残疾赔偿金。

（2）残疾辅助器具费。按照普通适用器具的合理费用标准计算。伤情有特殊需要的，可以参照辅助器具配制机构的意见确定相应的合理费用标准。辅助器具的更换周期和赔偿期限参照配制机构的意见确定。

如果法院判决以后，受害人还需要继续护理、配制辅助器具，或者没有劳动能力和生活来源的，人民法院应当判令赔偿义务人继续给付相关费用 5 年至 10 年。

50 死亡赔偿的相关费用如何计算？

根据《最高人民法院关于审理人身损害赔偿案件适用法律若干问题的解释》第 14 条至第 17 条的规定，死亡赔偿的相关费用计算方法如下：

（1）丧葬费。按照受诉法院所在地上一年度职工月平均工资标准，以 6 个月总额计算。

（2）被扶养人生活费。按照受诉法院所在地上一年度城镇居民人均消费性支出和农村居民人均年生活消费支出标准计算。被扶养人是指受害人依法应当承担扶养义务的未成年人或者丧失劳动能力又无其他生活来源的成年近亲属。被扶养人为未成年人的，计算至 18 周岁；被扶养人无劳动能力又无其他生活来源的，计算 20 年。但 60 周岁以上的，年龄每增加一岁减少一年；75 周岁以上的，按 5 年计算。如果被扶养人很多，那么年赔偿总额累计不应超过上一年度城镇居民人均消费性支出额或者农村居民人均年生活消费支出额。被抚养人生活费计入死亡赔偿金。

（3）死亡赔偿金。按照受诉法院所在地上一年度城镇居民人均可支配收入或者农村居民人均纯收入标准，按 20 年计算。但 60 周岁以上的，年龄每增加一岁减少一年；75 周岁以上的，按 5 年计算。

最后，大家可以参考这些规定来大概计算一下自己可以得到的赔偿金额。实事求是地向法院提出自己的请求，这样既可以使胜算率高一些，也可以节省不必要的诉讼费用。

精神痛苦，亦可求偿

现在大家打官司动不动就要求精神损害赔偿，而且动辄就是几万、几十万甚至上百万。而实际上法院的最终判决却常常与他们的要求相差甚远。那么为什么大家所要求的精神赔偿与法院的判决差距如此之大呢？这与我国的经济现状有直接的关系。我们前面所说的如车祸、医疗事故等灾难，不幸的人们想通过各种方式来弥补自己的损失，当然也包括经济上的，而这种经济上的赔偿也包括精神损害赔偿。很多人只知道存在这一制度，但是对于精神损害赔偿究竟是什么，却没几人能了解。《民法典》第1183条第1款明确规定：“侵害自然人人身权益造成严重精神损害的，被侵权人有权请求精神损害赔偿。”精神损害赔偿的实质是法律强制侵权人向受害人支付一笔金钱，目的是要补偿受害人因民事违法行为所受到的精神损害和抚慰受害人的精神痛苦。本篇的目的就是要给大家介绍一下关于精神损害赔偿的相关法律规定，使大家在以后的法律求偿之路上能够走得更加顺利和平坦，不会绕弯路。

51 医疗、交通事故可以请求精神损害赔偿吗？

有的老百姓在遇到官司或者是想通过打官司保护自己的权利时，常常会想到要求对方给予精神损害赔偿。但是，不是所有的官司都是可以要求精神损害赔偿的。比如，企业之间、企业和公民打官司时，企业就无权要求精神损害赔偿；又如，在刑事附带民事诉讼中，法律也是不会支持被害人的精神损害赔偿的请求的。那么哪些案件才可以要求精神损害赔偿呢？

《最高人民法院关于确定民事侵权精神损害赔偿责任若干问题的解释》第1条规定："因人身权益或者具有人身意义的特定物受到侵害，自然人或者其近亲属向人民法院提起诉讼请求精神损害赔偿的，人民法院应当依法予以受理。"

也就是说当大家的身体、姓名、名誉、自由等自己的切身权益受到别人的侵害时，才可以要求精神损害赔偿。像医疗事故、交通事故就属于侵害公民的健康权和身体权的行为，法律当然会支持精神损害赔偿请求。

但是，关于经济方面的纠纷，笔者奉劝大家还是不要要求精神损害赔偿了。例如，精神损害赔偿就不适用于债务纠纷。很好理解，欠债还钱就行了，哪有什么精神损害呢？

52 孩子被夺可以要求精神损害赔偿吗？

在大家周围，不知道是否看到过这样的事情，父母离婚以后，孩子便跟随母亲生活，但是，孩子的父亲硬是将孩子带离母亲身边，使得母亲最后精神失常。这种事情，法律是会支持母亲的精神损害赔偿要求的。

《最高人民法院关于确定民事侵权精神损害赔偿责任若干问题的解释》第2条规定："非法使被监护人脱离监护，导致亲子关系或者近亲属间的亲属关系遭受严重损害，监护人向人民法院起诉请求赔偿精神损害的，人民法院应当依法予以受理。"

比如，叔叔非常喜欢自己的侄子，天天带在身边。不想让侄子离开自己，在孩子的父母来接的情况下，依然不让孩子回到父母身边，这就侵害了父母的监护权，父母就可以要求叔叔给予精神损害赔偿。当然，给予赔偿的前提是使得近亲属之间的亲属关系遭受严重损害。

53 意义重大的物品受毁损，可以要求精神损害赔偿吗？

某些物品有着心灵上的重大意义，如已亡故父母唯一的一张照片，这些纪念品有可能被他人弄丢了或者弄坏了，这该怎么办呢？《民法典》第 1183 条第 2 款规定，因故意或者重大过失侵害自然人具有人身意义的特定物造成严重精神损害的，被侵权人有权请求精神损害赔偿。也就是说，当事人可以要求弄丢、弄坏的那个人给予精神赔偿。比如，实践中已多次出现的重要照片丢失的赔偿案件。

54 侵犯死者人格可以要求精神损害赔偿吗？

侮辱、诽谤已亡故的人，或者以其他方式侵害死者的人格，需要承担法律责任吗？答案是肯定的。

《最高人民法院关于确定民事侵权精神损害赔偿责任若干问题的解释》第 3 条规定："死者的姓名、肖像、名誉、荣誉、隐私、遗体、遗骨等受到侵害，其近亲属向人民法院提起诉讼请求精神损害赔偿的，人民法院应当依法予以支持。"

如果有人有上述侵权行为使您痛苦，您就可以作为原告来要求精神损害赔偿了。因为上述行为表面上是针对死者，而遭受精神痛苦的是活着的人，所以，生者有权请求精神损害赔偿。

55 怎么计算精神损害赔偿金?

说到这里，就是大家所关心的关于赔偿金的问题了。看完以下的法律规定，大家就会知道为什么几乎所有的法院判决书里的精神损害赔偿金与大家期望的相差甚远。

《最高人民法院关于确定民事侵权精神损害赔偿责任若干问题的解释》第5条规定："精神损害的赔偿数额根据以下因素确定：(一) 侵权人的过错程度，但是法律另有规定的除外；(二) 侵权行为的目的、方式、场合等具体情节；(三) 侵权行为所造成的后果；(四) 侵权人的获利情况；(五) 侵权人承担责任的经济能力；(六) 受理诉讼法院所在地的平均生活水平。"

总之，建议大家在提出精神损害赔偿之前要咨询一下律师或者对照类似案例，来最终确定自己的损害能否要求精神损害赔偿。并且，可以根据自己的损害程度、对方侵害的方式、后果等大概确定自己的求偿金额。

做好事可获得赔偿

"学习雷锋好榜样"这是我们小时候常常唱的一句歌词。每年的3月5日是学雷锋纪念日。雷锋这两个字已经远远超过了他名字本身的意义，它代表着一种精神，一种无私奉献、助人为乐、见义勇为的精神。但现实中一些人做了好事之后非但得不到一声“谢谢”，反而会被冤枉，遭受不公道的待遇，使得一些本有心帮助别人的人都望而却步，抱着“宁少一事、不多一事”的态度来处事。殊不知，法律有专门保护见义勇为者权利的规定。

我们买东西常常有找错钱的时候，找少了可以要回来，那么找多了又如何呢？大家基于道德上的要求自然要说：“还回去”。可是，大家是否知道这也是法律的规定，就是说不这样做的话是违法的。那么，就让我们看看法律的相关规定吧。

56 见义勇为者该如何求偿？

· 案例回放

2021年夏，章某某日下班回家途中，经过一个小湖（这是他每天必经之路），和往常一样，他正打算沿湖走过，突然，听到有人大喊“救命”，他才发现在前方二十米处的湖里有人落水了。听到呼救声以后他便奋不顾身地跳入湖里，并救出落水儿童，当时正值盛夏，他跳入水中时身上穿有衬衫、裤子，手表、手机全在身上没来得及拿下来。将孩子救出后，才发现自己的手表与手机全部进水并几乎报废，孩子家长对他救人感激不尽，但是，当章某要求他们赔偿手机和手表的损失时，却遭到拒绝。为此，章某诉至法院。在此案例中，章某是见义勇为的好同志，但是是否见义勇为和做好事的人就应该自己承担自己的损失呢？难道救人就得白白遭受损失吗？显然，这对于见义勇为的人来说是不公平的。

在《民法典》出台之前，见义勇为行为一般按照《民法通则》第 93 条关于“无因管理”的规定进行保护。但为了对见义勇为者的善举进行充分肯定，让好人安心做好事，《民法典》第 183 条对此专门进行了规定，因保护他人民事权益使自己受到损害的，由侵权人承担民事责任，受益人可以给予适当补偿。没有侵权人、侵权人逃逸或者无力承担民事责任，受害人请求补偿的，受益人应当给予适当补偿。

基于以上规定，本案中章某为了救起落水儿童而使自己的手机和手表报废，有权主张落水儿童的父母补偿这部分损失。

57 买东西多找回的钱是自己的吗？

这个问题提出来，可能很多人都会答“不是”，但是为什么呢，大家会说这是道德，是道德所不允许的。大家可知道，这“不是”可是有法律依据的。

《民法典》第985条规定:“得利人没有法律根据取得不当利益的，受损失的人可以请求得利人返还取得的利益，但是有下列情形之一的除外:（一）为履行道德义务进行的给付;（二）债务到期之前的清偿;（三）明知无给付义务而进行的债务清偿。”这就是说，你现在得到的利益是不合法的，并且造成了别人的损失，就应当把这些东西还给别人。这就是法律上所说的不当得利，顾名思义也就是不该得到的利益。这里，别人多找给你钱了别人受损失了，而你得到了不该得的钱，就构成了不当得利，法律规定应将这笔钱还给多找你钱的人。

生活中，这种例子有很多。比如，相邻的两个鱼塘仅隔一堤坝，暴雨过后，一个鱼塘里的鱼大部分跑到了另一个鱼塘里，这时另一个鱼塘主就应该返还这些跑来的鱼。所以，凡是得到的是不合法、不合理的造成别人损失的利益，都可以视为不当得利，都应当返还。

本篇所论的返还不当得利，实际上是我们道德所提倡的，也是每个人都应当这样做的。只是在现实中关于这些的纠纷出现频率较高，因而才用法律规定下来，用法律的强制力来保证社会秩序的稳定。

诉讼指南篇

人与人在社会交往的过程中难免会产生各种各样的纠纷，遇到纠纷就应该积极寻找及时、有效的解决途径，纠纷的妥善解决不但有利于节约当事人的成本，而且有利于维护稳定、和谐的社会秩序，避免引发更严重的社会问题。调解、仲裁、诉讼是我国法律规定的解决纠纷的三种主要途径，三种途径分别具有不同的特点，当产生纠纷时，我们应该如何选择呢？在具体实践中，我们应该尊重哪些程序，如何操作呢？

仲裁与诉讼的选择

58 诉讼和仲裁有何区别？

随着社会经济的发展，人与人之间的往来日益频繁，在日常生活中，我们难免会遇到一些纠纷。若发生争议该怎么办？在我国，通过司法方式解决纠纷一般分为诉讼方式和仲裁方式。

简单地说，诉讼方式，就是当事人通过把争议提交到人民法院，由人民法院进行裁判的方式；而仲裁方式，就是当事人通过纠纷发生前或纠纷发生后协商，选定某个仲裁机构进行仲裁，并同意接受仲裁裁决的方式。需要解释的是，诉讼和仲裁都是裁决机构依照我国相关法律进行裁决的解决方式，其生效裁决均具有法律效力，如果当事人拒绝执行，另一方可申请人民法院强制执行。

通过上面的简述，相信读者朋友们已经对这两种模式有了一个比较初步的印象，为了能够更加清晰地表述二者在实践过程中的不同，下面我们按照诉讼法和仲裁法的相关规定，对二者的区别进行更为详尽的阐述。

区别之一：

诉讼和仲裁的区别之一在于诉讼是二审终审制，即如果当事人不服一审法院的判决，可以在规定时间内提出上诉，二审法院经过审理后作出的判决是生效判决；而仲裁裁决是一裁终局，裁决送达后立即生效。

依据相关法律规定，普通案件，法院一审的审限一般为 6 个月，如果一方当事人不服提出上诉，则二审的审限一般为 3 个月。也就是说，一个案件如果在法院审理，则产生生效判决的时间可能会需要 9 个月。

而仲裁裁决一旦作出，即具有法律效力，除法律规定的几种情况可申请撤销外，当事人不能对仲裁裁决提出任何形式的上诉、复议等，只能遵守履行。这样，就不会出现类似法院二审的情况，问题的解决要比法院快很多。

另外，诉讼的管辖基本按照行政区划的属地原则，下级法院受上级法院的监督；而仲裁机构之间没有行政隶属关系，也无属地原则限制，当事人可以自由选择仲裁委员会。

区别之二：

当事人不能选择法官，但可以按照民事诉讼法的规定，对于审判人员、书记员、翻译人、鉴定人、勘验人具有以下情形的提出回避申请：(1)是本案的当事人或者当事人、诉讼代理人的近亲属；(2)与本案有利害关系；(3)与本案当事人有其他关系，可能影响案件公正审理的。

在这一点上，仲裁就有显著的区别。依据我国《仲裁法》的规定，如果当事人双方约定由一名仲裁员来裁决纠纷，则可以由当事人双方共同选定仲裁员；如果当事人双方约定由三名仲裁员来裁决纠纷，则可以各自选定一名，第三名仲裁员也就是首席仲裁员，可以由双方共同选定或者委托仲裁委员会指定。

当事人自己选择仲裁员，可以保障当事人选择自己信任的有专业知识、公平、正直的人士来裁决纠纷，减少了当事人对裁决公平、公正性的疑虑，也有利于裁决结果被当事人接受并及时得到执行。此外，仲裁过程是不公开的，这与法院公开审判不同，这样当事人的隐私、商业秘密等可以得到保护。

区别之三：

解决合同纠纷时，不能不考虑相关的费用支出。仲裁收费相对比较高。以北京为例，申请仲裁时，要预缴案件受理费和案件处理费，这两项费用加起来，几乎相当于法院两次审判的费用。这是因为仲裁机构的部分运作费用、仲裁员的报酬等，都要从仲裁费用中支出，所以数额比到法院提起诉讼就高了很多。因此，在选择的过程中，这也是必须要考虑的。

从这些角度来说，仿佛仲裁解决方式更简便易行，也更符合当事人意思自治的原则。不过，鉴于我国仲裁法实施时间不长，各地仲裁机构的水平参差不齐，某些地方保护主义盛行，而仲裁机构又缺乏监督，我国民事诉讼法和仲裁法规定了对于仲裁裁决的救济程序。通过向人民法院申请撤销仲裁裁决和不予执行仲裁裁决，当事人可以避免违法仲裁裁决造成的损害。但是，如果这些程序全部走完，所耗时间和精力丝毫不比诉讼程序少。

因此，如果当事人双方希望以仲裁的方式解决纠纷，最好在合同管辖条款中约定水平和威望都比较高的仲裁机构。约定仲裁条款时，不能既约定仲裁又约定诉讼，只能明确用仲裁方式，且仲裁委员会也只能约定一个，其名称也要具体。

在实践中，我们应当如何合理有效地运用仲裁制度为我们服务呢？

59 仲裁如何立案？

仲裁管辖的立案依据是仲裁协议，除此之外，没有任何其他依据。《仲裁法》第 16 条规定：“仲裁协议包括合同中订立的仲裁条款和以其他书面方式在纠纷发生前或者纠纷发生后达成的请求仲裁的协议。仲裁协议应当具有下列内容：（一）请求仲裁的意思表示；（二）仲裁事项；（三）选定的仲裁委员会。”

也就是说，如果没有仲裁协议，仲裁机构就没有管辖权。而诉讼的立案依据却不以是否有管辖协议为准。根据《民事诉讼法》的规定，只要具备了法律规定的条件都应当立案。

60 哪些案件可以仲裁？

并非所有的案件都可以选择仲裁，根据我国《仲裁法》第 2 条、第 3 条的规定，可以仲裁的纠纷是平等主体的公民、法人和其他组织之间发生的合同纠纷和其他财产权益纠纷；婚姻、收养、监护、扶养、继承纠纷及依法应当由行政机关处理的行政争议不能仲裁。

61 仲裁案件如何管辖？

仲裁案件的管辖是协议管辖。所谓协议管辖，指有争议的双方当事人对于将来可能发生的争议，书面约定提交仲裁机构进行处理的意思表示。仲裁的协议管辖没有级别性、没有地域性、没有移送的规定，同样不存在指定管辖的问题；而诉讼的管辖实行的是强制管辖，即无论是级别管辖、地域管辖，还是移送管辖、指定管辖，法律都是有规定的，当事人必须按照法律规定来进行。同时，诉讼管辖中还有专属管辖。对于协议管辖，《民事诉讼法》第 35 条虽然也作了规定，但仍然有级别管辖与专属管辖上的限制。

62 仲裁与诉讼的关系如何？

我国《仲裁法》第 5 条规定：“当事人达成仲裁协议，一方向人民法院起诉的，人民法院不予受理，但仲裁协议无效的除外。”由此可见，在我国，当事人不能同时选择仲裁与诉讼，而应该“或裁或诉”。一项争议，如果仲裁委员会受理，除非发生仲裁协议无效的情况，否则法院不再对该案享有管辖权，仲裁裁决与法院判决一样，也具有强制执行力。但是“或裁或诉”也是有例外的：对于劳动争议，劳动仲裁是必经程序，但是当事人对多数仲裁结果不服的，可以向人民法院提起诉讼。

63 如果不服仲裁裁决怎么办？

由于仲裁是一裁终局，则很有可能出现当事人对于仲裁裁决不服的情况。对此，《仲裁法》第58条规定：“当事人提出证据证明裁决有下列情形之一的，可以向仲裁委员会所在地的中级人民法院申请撤销裁决：（一）没有仲裁协议的；（二）裁决的事项不属于仲裁协议的范围或者仲裁委员会无权仲裁的；（三）仲裁庭的组成或者仲裁的程序违反法定程序的；（四）裁决所根据的证据是伪造的；（五）对方当事人隐瞒了足以影响公正裁决的证据的；（六）仲裁员在仲裁该案时有索贿受贿，徇私舞弊，枉法裁决行为的。人民法院经组成合议庭审查核实裁决有前款规定情形之一的，应当裁定撤销。人民法院认定该裁决违背社会公共利益的，应当裁定撤销。”

发生以上情况，法院可以撤销仲裁裁决，此时当事人可以重新达成仲裁协议，或者是直接向人民法院提起诉讼。

调解也是解决纠纷的有效途径

·案例回放

小学生李某在过马路时，被杨某驾驶的面包车撞倒而昏迷。随后李某被送往市人民医院门诊部抢救，经医院全力抢救保住了性命，但留下了“智力中度损害”的后遗症，经评定为六级伤残。这使原本成绩优异的李某今后的学习受到严重影响，其家长向肇事者提出逾100万元的索赔。肇事者杨某及其公司表示服从交通事故责任的认定，并对李某的受伤深表歉意。关于赔偿问题，杨某表示，事故发生后，他一直尽全力救治，前后已花费医疗费等各项费用近20万元。后经公安交警部门的调解，杨某赔偿10万元的精神抚慰金，并支付医疗费、伤残补助金等10万余元。从上面的案例中我们可以看出，在解决民事纠纷的过程中，我们不仅可以选择起诉至法院的方式，也可以采用调解的方式。那么，调解到底是一种怎样的程序，它到底有怎样的法律效力，与诉讼相比，它的优势何在?

64 什么是调解?

调解制度是指经过第三者的排解疏导，说服教育，促使发生纠纷的双方当事人依法自愿达成协议，解决纠纷的一种活动。一般来说，调解分为以下两种类型：

一是人民调解。根据《人民调解法》的规定，人民调解是指人民调解委员会通过说服、疏导等方法，促使当事人在平等协商

调 解

基础上自愿达成调解协议，解决民间纠纷的活动。人民调解委员会调解民间纠纷，应当遵循下列原则：（1）在当事人自愿、平等的基础上进行调解；（2）不违背法律、法规和国家政策；（3）尊重当事人的权利，不得因调解而阻止当事人依法通过仲裁、行政、司法等途径维护自己的权利。人民调解委员会是依法设立的调解民间纠纷的群众性组织。人民调解委员会调解民间纠纷，不收取任何费用。经人民调解委员会调解达成调解协议的，可以制作调解协议书。当事人认为无须制作调解协议书的，可以采取口头协议方式，人民调解员应当记录协议内容。经人民调解委员会调解达成的调解协议，具有法律约束力，当事人应当按照约定履行。人民调解委员会应当对调解协议的履行情况进行监督，督促当事人履行约定的义务。经人民调解委员会调解达成调解协议后，双方当事人认为有必要的，可以自调解协议生效之日起 30 日内共同向人民法院申请司法确认，人民法院应当及时对调解协议进行审查，依法确认调解协议的效力。人民法院依法确认调解协议有效，一方当事人拒绝履行或者未全部履行的，对方当事人可以向人民法院申请强制执行。人民法院依法确认调解协议无效的，当事人可以通过人民调解方式变更原调解协议或者达成新的调解协议，也可以向人民法院提起诉讼。

二是法院调解。人民法院对受理的民事案件、经济纠纷案件和轻微刑事案件进行的调解，是诉讼内的调解。对于离婚案件，调解是必经的程序。至于其他民事案件是否进行调解，取决于当事人的意愿，调解不是必经程序。法院调解书与判决书有同等效力。下面就法院调解做详细介绍。

65 调解的程序您了解吗?

依照《民事诉讼法》第八章的规定，法院进行调解，可以由审判员一人主持，也可以由合议庭主持，并尽可能在纠纷发生的地方进行调解。进行调解时，可以邀请有关单位和个人协助，被邀请的单位和个人，应当协助人民法院进行调解。法院可以用简便方式通知当事人、证人到庭。

对于调解达成协议的案件，人民法院应当制作调解书，调解书应当写明诉讼请求、案件的事实和调解结果，由审判人员、书记员署名，加盖人民法院印章，送达双方当事人。调解书经双方当事人签收后，即具有法律效力。调解书送达前一方反悔的，人民法院应当及时进行判决。因此，当事人应当慎重地对待法院送达的调解书，因为一旦签收，纠纷的解决就得到了法律的确认，当事人不能再就此事向法院提起诉讼。

但需要注意的是，对于有些调解达成协议的案件，人民法院可以不制作调解书：(1) 调解和好的离婚案件；(2) 调解维持收养关系的案件；(3) 能够即时履行的案件；(4) 其他不需要制作调解书的案件。对于不需要制作调解书的协议，应记入笔录，由双方当事人、审判人员、书记员签名或者盖章后，即具有同正式调解书同等的法律效力。

对于二审人民法院调解结案的案件，应当一律制作调解书，二审人民法院的调解书送达双方当事人签收后，原审人民法院的判决即视为撤销。这一点，当事人在进入二审程序后尤其需要注意。

66 答辩期满前调解期限的限制？

为避免答辩期满前的调解时间过长会拖延诉讼，《最高人民法院关于民事调解工作若干问题的规定》（以下简称《调解规定》）第6条对调解期限作了限制性规定，在答辩期满前人民法院对案件进行调解，适用普通程序的案件在当事人同意调解之日起15天内，适用简易程序的案件在当事人同意调解之日起7天内未达成调解协议的，经各方当事人同意，可以继续调解。延长的调解期间不计入审限，即不能无限期地拖延调解期限。

67 不属于同一案件能否一并调解？

依据《调解规定》，调解协议的内容超出诉讼请求范围的，人民法院可以准许。当事人进行协商解决他们之间的纠纷，往往不单单是一个纠纷，他们通常会对各项法律关系一并解决，达成一揽子协议。

一揽子协议的内容通常就会超出当事人诉讼请求的范围。如果不承认这种协议，当事人之间的纠纷就很难得到解决，而且相关问题也会再诉诸法院。为了方便当事人，《调解规定》明确规定对此可以依法予以审查，只要不违反法律、行政法规的禁止性规定，不侵害国家、社会、他人的合法权益，就可以确认其有效。因而，当事人可以在调解过程中做好充分的工作，以节约诉讼成本。

68 调解协议可以申请强制执行吗？

尽管多数调解协议能够得到当事人自觉地履行，进入强制执行程序的案件较少，但一旦发生不履行调解协议或者调解书的情况，债权人可能会为在调解时作出了让步而后悔，这种顾虑也会影响到当事人进行调解的积极性。

为促使当事人达成调解协议，《调解规定》中还包含了调解协议履行的两种激励机制：一是当事人可以在调解协议中约定某一方不履行调解协议时承担的民事责任。二是当事人可以为履行调解协议设定担保，一旦不履行调解协议的情况发生，另一方可以要求执行担保人的财产或者担保物，以保证其债权得到及时实现。

我国司法审判领域的民事调解是一个极具中国特色的司法制度，它既体现了现代法治的基本原则，又体现出我国传统文化中互谅互让、以和为贵的思想，被国内外司法界所认同，被称为“东方经验”。

调解是具有中国特色的解决纠纷的机制，在快速解决当事人间的矛盾、降低诉讼成本、缓解审判力量不足、促进社会稳定方面有着不可替代的作用，因此当事人应很好地运用这项法律制度。

按图索骥找法院

·案例回放

海南某实业公司与湖南某建筑工程公司签订一份工程承包合同，由建筑公司承建位于海口市A区的酒店综合楼。工程完工后，经双方确认，实业公司尚欠建筑公司工程款人民币140万元。后建筑工程公司多次催缴工程款，但实业公司均以种种理由拒绝付款，该建筑工程公司向湖南某地中级人民法院提起诉讼。法院认为，该不动产不在本地，本院无管辖权，遂作出驳回起诉的裁定，并告知该建筑公司应向海口市A区人民法院提起诉讼。法院和医院不一样，有其自身运作的形式，遇到法律纠纷的时候，我们首先应当明确哪一家法院具备管辖权，而切忌“有病乱投医”，因为不是每家法院都有权审理您遇到的纠纷。法院管辖是一个比较复杂的问题，法律规定得相当全面，我们在起诉时可以按图索骥。

69 什么是法院管辖权?

当事人到法院打民事、商事官司，首先碰到的是应该向哪个法院起诉，由哪个法院受理的问题。这就是法律上所说的管辖问题。

所谓诉讼管辖，是指上下级人民法院之间或同级人民法院之间受理第一审纠纷案件的分工和权限，它是在法院系统内部划分和确定某级或者同级中的某个特定法院对某一民事案件行使审判权的问题。用一句时髦的话来说，诉讼管辖可以概括为“我的地盘我做主”。

70 法院之间如何分工？

管辖分为级别管辖和地域管辖，前者是我国四个级别的法院各自管辖案件的分工和权限，后者是同级人民法院在各自的辖区内受理案件的分工和权限。

就级别管辖来说，我国绝大多数民事、经济纠纷案件都由基层人民法院负责一审。中级人民法院管辖重大涉外民事案件和本辖区内有重大影响的案件，以及最高人民法院确定由其审理的案件。高级人民法院管辖在本辖区有重大影响的第一审民事案件。最高人民法院管辖的一审民事案件是在全国有重大影响的案件及认为应当由其受理的案件。

地域管辖可分为普通地域管辖及其例外规定、特别地域管辖和专属管辖三种。普通地域管辖是指根据当事人所在地确定受诉法院，“原告就被告”是普通地域管辖的一般原则，适用于绝大多数民事案件。例如，甲、乙分别居住在同一市的不同的区，甲要起诉乙一般到乙住所地所在的区法院起诉。特别地域管辖是指以诉讼标的物所在地或引起诉讼的法律事实所在地确定受诉法院。

还有一种管辖称为专属管辖，它是根据案件的特定性质，法律规定由特定地区法院管辖的一种管辖制度。依据《民事诉讼法》第34条的规定，专属管辖适用于下列三种情况：（1）因不动产纠纷提起的诉讼，由不动产所在地人民法院管辖（也就是本节开篇所引案例的情形）；（2）因港口作业中发生纠纷提起的诉讼，由港口所在地法院管辖；（3）因继承遗产纠纷提起的诉讼，由被继承人死亡时住所地或者主要遗产所在地人民法院管辖。

71 “原告就被告”的例外情况有哪些？

现实生活是相当复杂的，如果一律采取“原告就被告”的原则，很可能为当事人的起诉、应诉带来很多的不便，因此法律对一些特殊的情形作出了特别的规定。

《民事诉讼法》第23条规定：“下列民事诉讼，由原告住所地人民法院管辖；原告住所地与经常居住地不一致的，由原告经常居住地人民法院管辖：（一）对不在中华人民共和国领域内居住的人提起的有关身份关系的诉讼；（二）对下落不明或者宣告失踪的人提起的有关身份关系的诉讼；（三）对被采取强制性教育措施的人提起的诉讼；（四）对被监禁的人提起的诉讼。”

除上述规定外，实践中的以下特殊情况，则按最高人民法院的司法解释办理：（1）对没有办事机构的个人合伙、合伙型联营体提起的诉讼，由被告注册登记地人民法院管辖。没有注册登记，几个被告又不在同一辖区的，被告住所地的人民法院都有管辖权。（2）被告被注销户籍的，依照《民事诉讼法》第23条的规定确定管辖；原告、被告均被注销户籍的，由被告居住地人民法院管辖。（3）当事人的户籍迁出后尚未落户，有经常居住地的，由该地人民法院管辖；没有经常居住地的，由其原户籍所在地人民法院管辖。（4）双方当事人都被监禁或者被采取强制性教育措施的，由被告原住所地人民法院管辖。被告被监禁或者被采取强制性教育措施一年以上的，由被告被监禁地或者被采取强制性教育措施地人民法院管辖。（5）追索赡养费、抚育费、扶养费案件的几个被告住所地不在同一辖区的，可以由原告住所地人民法院管辖。(6)不服指定监护或者变更监护关系的案件，可以由被监护人住所地人民法院管辖。(7)双方当事人均为军人或者军队单位的民事案件由军事法院管辖。(8)夫妻一方离开住所地超过一年，另一方起诉离婚的案件，可以由原告住所地人民法院管辖。夫妻双方离开住所地超过一年，一方起诉离婚的案件，由被告经常居住地人民法院管辖；没有经常居住地的，由原告起诉时被告居住地人民法院管辖。

可见，诉讼管辖问题是比较复杂的，法律的规定也到了无微不至的程度。按照诉讼法的规定选择有管辖权的法院，可以大大节省诉讼的时间成本，因此是当事人起诉之前所必需了解清楚的。

72 合同纠纷管辖的特别规定有哪些？

日常生活中经常发生的合同纠纷，有的是关于合同成立，有的是关于合同变更，还有的是关于合同履行，其本身就是很复杂的法律关系，在发生纠纷时如何确认有权管辖的法院更成为当事人特别头疼的问题。

《民事诉讼法》第35条规定，“合同或者其他财产权益纠纷的当事人可以书面协议选择被告住所地、合同履行地、合同签订地、原告住所地、标的物所在地等与争议有实际联系的地点的人民法院管辖”，可见法律赋予了当事人在一定范围内自行选择管辖法院的权利，但是“不得违反本法对级别管辖和专属管辖的规定”。

法律规定，一般因合同纠纷而提起的诉讼，由被告住所地或者合同履行地人民法院管辖，便于法院查明案情，也便于在必要时及时采取财产保全等紧急措施，以利于合同纠纷的正确解决。

司法实践中，如何确认合同履行地是比较复杂的问题。一般来说，合同履行地是指合同规定履行义务和接受该义务的地点。合同的种类不同，合同履行地也不同。根据最高人民法院的司法解释，主要有以下几种情况：

（1）合同约定履行地点的，以约定的履行地点为合同履行地。

（2）合同对履行地点没有约定或者约定不明确，争议标的为给付货币的，接收货币一方所在地为合同履行地；交付不动产的，不动产所在地为合同履行地；其他标的，履行义务一方所在地为合同履行地。即时结清的合同，交易行为地为合同履行地。

（3）如果合同没有实际履行，当事人双方住所地又都不在合同约定的履行地的，由被告住所地人民法院管辖。

（4）财产租赁合同、融资租赁合同以租赁物使用地为合同履行地，合同中对履行地有约定的从其约定。

（5）以信息网络方式订立的买卖合同，通过信息网络交付标的的，以买受人住所地为合同履行地；通过其他方式交付标的的，收货地为合同履行地。合同对履行地有约定的，从其约定。

（6）因财产保险合同纠纷提起的诉讼，如果保险标的物是运输工具或者运输中的货物，可以由运输工具登记注册地、运输目的地、保险事故发生地人民法院管辖。因人身保险合同纠纷提起的诉讼，可以由被保险人住所地人民法院管辖。

按照以上法律规定，只要我们能够很清晰地确认自己的纠纷属于哪一种类型，就可以迅速地找到有管辖权的法院，以节约诉讼成本。

请个好律师

有的时候，我们会遇到前面所说的那些不幸的事情，诸如离婚、车祸、医疗事故等。然后大家在悲痛之余就会想到如何去“算账”，即如何惩罚那些加害者，抑或如何得到自己应该得到的赔偿。一般老百姓对此大都比较模糊、比较陌生，所以，大家这时候一般就会想到请律师来帮忙。律师就是为大家提供法律服务的一种职业，他们掌握着丰富的法律知识和庭辩技巧，帮助自己的当事人打赢官司或者把自己当事人的损失减少到最小，不过，这样做的前提是合法。我们常可以在电视剧里看到律师在法庭上慷慨激昂、舌战群雄的样子，在现实中很多情况下，律师不是那么“轰轰烈烈”。律师不是万能的，但是，

有的时候没有律师却是万万不能的。所以，就让我们来看看聘请律师需要注意的问题吧。

73 何时可以请律师?

百姓们一般认为只有在打官司时才要请律师。其他时间谁会请律师呢，这不是白花冤枉钱吗？实际上，这种想法是不对的。其实在平时遇到的法律问题完全可以向律师咨询。咨询费也不是很多，几十、几百块钱就可以为您避免更大的损失，这也许就是超前意识吧。现在不管是大公司还是小公司一般都会有一个常年的法律顾问，公司遇到什么事情都要向律师咨询一下，以免发生损失。同时，国内不少城市也出现了私人法律顾问，这是时代的趋势。

那么，不可避免地发生了纠纷以后，请律师的时间也是越早越好。毕竟，大部分老百姓对法律的了解不多，要避免因为拖拉而使自己遭受不必要的损失。在经济、民事案件中请律师的时间几乎没有限制。但是，在刑事案件中，请委托律师作为辩护人的时间就有法律限制了。

《刑事诉讼法》第 34 条第 1 款规定:“犯罪嫌疑人自被侦查机关第一次讯问或者采取强制措施之日起，有权委托辩护人；在侦查期间，只能委托律师作为辩护人。被告人有权随时委托辩护人。”在刑事案件中要遵循这一规定。

74 如何签委托代理合同？

大家需要找律师时，一般首先要挑选律师事务所。经过自己对律所的了解选择了律所以后，就要与律所谈价格、代理的相关事宜了。这些事情谈妥以后，最终的法律保障就落实在与该律师事务所签订的书面委托代理合同上了，就是老百姓所说的签订合同。

大家要注意的是，这时所签的合同是委托代理合同，应当由律师事务所和您签订。然后，再与指定的律师签订授权委托书。在签订委托代理合同时，有些人以为签完名就行了，实际上要写明委托律师代理的权限，即属于一般代理还是特别授权代理。所谓一般代理就是仅代理一般的诉讼权利，如起诉、应诉权、申请回避权、提供证据权、辩论权等。所谓特别授权代理就如承认、放弃、变更被代理人的诉讼请求、进行和解、提起反诉或者代理被代理人上诉等。这是相当重要的，否则您打算让律师代理您所有的事情，包括放弃自己的权利等这样的事情，而你们之间的协议上仅仅写着“全权代理”，这时，律师为您所作的需要特别代理授权的事情是无效的。因为，“全权代理”不等于特别代理授权。所以，在委托代理合同中一定要分别写明律师的权限。

75 如何交律师费？

在委托代理合同中，最为重要的一项就是要明确律师费的交纳问题。一定要言明打赢了官司和打输了官司各是多少钱，一审费用和二审费用又分别是多少，都要在协议上写得清清楚楚，并在付款时要求出具收据。这样才能避免不必要的纠纷。

律师费的交纳要按照国家规定的统一收费标准，在这个统一标准下各地还有不同的规定，大家可以仔细问询。而且提醒大家注意的是，律师费一般应当交给律师事务所，而非交给委托的律师，千万不要交错了，这时如果再没有收据，那您就有可能被别人骗了。同时，律师在办案过程中可能会有一些额外的支出，如出差费用等，这些合理的费用当然要由当事人来承担，但是，不要律师要什么就给什么，很多花费是不必要的，当事人要擦亮您的眼睛。

法律援助为您排忧

“打官司难，难打官司”，这是中国公民诉讼的普遍困难。造成这种局面的重要原因之一就是诉讼费用的居高不下。在诉讼的一般费用中，律师费又占了很大的比重。一旦涉诉，律师的专业素养和服务，会给当事人带来很大的便利。打官司不请律师不放心，已经成为大多数当事人的共识。可是，请不起律师，打不起官司的时候该怎么办呢？别着急，有法律援助制度为您排忧。

· 案例回放

某少儿声乐舞蹈大赛在甲市举行。在此次比赛中，由某幼儿园选送的，由该幼儿园吉老师编舞和指导，该幼儿园蒙古族学生表演的舞蹈《××××的小牧童》荣获金奖。正当吉老师为自己辛勤劳动得来的智力成果被专家学者认可而高兴时，得知获得该节目编导、指导教师奖项的是某艺术馆馆员芦某等，而创作并指导这个舞蹈的她却与奖无缘。吉老师得知自己的知识产权被他人侵犯后，向文化管理部门反映了情况，并找到了法律援助中心，提出了援助申请。市法律援助中心根据当地实际并结合吉老师的家庭具体情况，决定为其提供法律援助，指派乌律师承办此案。乌律师接受指派后，进行了一系列调查工作，调取了有力证据，证明《××××的小牧童》确系吉老师创作、编舞并指导表演，著作权应归其所有，因此而获得的奖项也应归其所有。随后代理委托人吉老师向人民法院提起民事诉讼，请求保护吉老师的著作权。经法院审理，判决被告侵权行为成立，并给予吉老师经济赔偿，同时建议市文化局撤销芦某等人获得的荣誉奖项。

76 什么样的情况下，可以获得法律援助？

《法律援助法》第 2 条就开宗明义地指出："本法所称法律援助，是国家建立的为经济困难公民和符合法定条件的其他当事人无偿提供法律咨询、代理、刑事辩护等法律服务的制度，是公共法律服务体系的组成部分。"由此可以看出，经济困难是获得法律援助的一般前提。

但是，根据《法律援助法》第 32 条的规定："有下列情形之一，当事人申请法律援助的，不受经济困难条件的限制：（一）英雄烈士近亲属为维护英雄烈士的人格权益；（二）因见义勇为行为主张相关民事权益；（三）再审改判无罪请求国家赔偿；（四）遭受虐待、遗弃或者家庭暴力的受害人主张相关权益；（五）法律、法规、规章规定的其他情形。”

那么，法律援助的具体范围包括哪些呢？根据《法律援助法》的规定，刑事案件的犯罪嫌疑人、被告人因经济困难或者其他原因没有委托辩护人的，本人及其近亲属可以向法律援助机构申请法律援助。刑事案件的犯罪嫌疑人、被告人属于下列人员之一，没有委托辩护人的，人民法院、人民检察院、公安机关应当通知法律援助机构指派律师担任辩护人：（1）未成年人；（2）视力、听力、言语残疾人；（3）不能完全辨认自己行为的成年人；（4）可能被判处无期徒刑、死刑的人；（5）申请法律援助的死刑复核案件被告人；（6）缺席审判案件的被告人；（7）法律法规规定的其他人员。其他适用普通程序审理的刑事案件，被告人没有委托辩护人的，人民法院可以通知法律援助机构指派律师担任辩护人。对可能被判处无期徒刑、死刑的人，以及死刑复核案件的被告人，法律援助机构收到人民法院、人民检察院、公安机关通知后，应当指派具有三年以上相关执业经历的律师担任辩护人。人民法院、人民检察院、公安机关通知法律援助机构指派律师担任辩护人时，不得限制或者损害犯罪嫌疑人、被告人委托辩护人的权利。强制医疗案件的被申请人或者被告人没有委托诉讼代理人的，人民法院应当通知法律援助机构指派律师为其提供法律援助。刑事公诉案件的被害人及其法定代理人或者近亲属，刑事自诉案件的自诉人及其法定代理人，刑事附带民事诉讼案件的原告人及其法定代理人，因经济困难没有委托诉讼代理人的，可以向法律援助机构申请法律援助。值班律师应当依法为没有辩护人的犯罪嫌疑人、被告人提供法律咨询、程序选择建议、申请变更强制措施、对案件处理提出意见等法律帮助。

除了刑事诉讼案件，一般民事、行政事项也可以请求法律援助，《法律援助法》第31条规定，下列事项的当事人，因经济困难没有委托代理人的，可以向法律援助机构申请法律援助：（1）依法请求国家赔偿；（2）请求给予社会保险待遇或者社会救助；（3）请求发给抚恤金；（4）请求给付赡养费、抚养费、扶养费；（5）请求确认劳动关系或者支付劳动报酬；（6）请求认定公民无民事行为能力或者限制民事行为能力；（7）请求工伤事故、交通事故、食品药品安全事故、医疗事故人身损害赔偿；（8）请求环境污染、生态破坏损害赔偿；（9）法律、法规、规章规定的其他情形。

另外，若当事人不服司法机关生效裁判或者决定提出申诉或者申请再审，人民法院决定、裁定再审或者人民检察院提出抗诉，因经济困难没有委托辩护人或者诉讼代理人的，本人及其近亲属可以向法律援助机构申请法律援助。

法律援助机构可以组织法律援助人员依法提供的法律援助服务具体包括：（1）法律咨询；（2）代拟法律文书；（3）刑事辩护与代理；（4）民事案件、行政案件、国家赔偿案件的诉讼代理及非诉讼代理；（5）值班律师法律帮助；（6）劳动争议调解与仲裁代理；（7）法律、法规、规章规定的其他形式。

77 只有律师可以提供法律援助吗？

《法律援助法》第12条规定："县级以上人民政府司法行政部门应当设立法律援助机构。法律援助机构负责组织实施法律援助工作，受理、审查法律援助申请，指派律师、基层法律服务工作者、法律援助志愿者等法律援助人员提供法律援助，支付法律援助补贴。”可见，提供法律援助既可以是律师，也可以是法律工作者、法律援助志愿者等。

78 法律援助，必须“一助到底”吗？

《法律援助法》第19条规定，法律援助人员应当依法履行职责，及时为受援人提供符合标准的法律援助服务，维护受援人的合法权益。并且该法第46条明确规定无正当理由不得拒绝接受、拖延或者终止提供法律援助服务。

但是，这并不表明法律援助中途不能停止。

《法律援助法》第48条规定，有下列情形之一的，法律援助机

构应当作出终止法律援助的决定：（1）受援人以欺骗或者其他不正当手段获得法律援助；（2）受援人故意隐瞒与案件有关的重要事实或者提供虚假证据；（3）受援人利用法律援助从事违法活动；（4）受援人的经济状况发生变化，不再符合法律援助条件；（5）案件终止审理或者已经被撤销；（6）受援人自行委托律师或者其他代理人；（7）受援人有正当理由要求终止法律援助；（8）法律法规规定的其他情形。法律援助人员发现有前款规定情形的，应当及时向法律援助机构报告。

现在，除政府部门确定的法律援助机构外，很多高校法学院也都成立了法律援助方面的协会，为一些当事人提供法律咨询及公民代理服务，收到了良好的社会效果。

财产保全——真正的获胜砝码

· 案例回放

甲银行与谭某的贷款合同纠纷案，经法院审理，于2014年8月25日审结。在审理过程中，被告谭某对借款3万元的事实无异议，但表示无力给付。经法院调解，双方当庭达成还款协议：谭某于2014年11月30日给付3万元及利息。该案民事调解书已于当日送达并经签收生效。2014年9月，甲银行意外地发现谭某一直承包某乡镇的有线电视经营权，且刚转让给别人，受让人已将转让费10万元存入谭某的银行账户，且谭某有外出躲债的迹象。由于履行期限未到，不能申请执行，甲银行遂向法院要求对上述存款进行财产保全。法院冻结了该笔款项中的3万元，在履行期限到来之后，甲银行顺利地获得了这笔还款，维护了自己的利益。在案件审理过程中，如果债务人试图转移、藏匿财产，存心赖账，这很可能造成当事人最后赢了官司却拿不到钱的结果。此时，当事人如果掌握了确实的证据，就可以向法院申请财产保全，以确保法院的判决将来能够得到顺利执行，胜诉一方能切实得到经济利益。

79 财产保全的概念您了解吗?

财产保全分为两类，一类是诉前财产保全，另一类是诉讼财产保全。

诉前财产保全，是指民事案件利害关系人因情况紧急，不立即申请财产保全将会使其合法权益受到难以弥补的损害的，在起诉前向被保全财产所在地、被申请人住所地或者对案件有管辖权的人民法院申请采取的财产保全措施。申请人必须向法院提供担保；不提

供担保的，法院会裁定驳回申请。

诉讼财产保全，是指民事案件审理过程中，当事人对于可能因对方当事人的行为或者其他原因使判决不能执行或者难于执行的案件，向审理案件的法院申请采取财产保全措施。人民法院在必要时也可以不经当事人申请主动采取诉讼财产保全。与诉前财产保全不同，申请人不一定要提供担保；但如果法院责令申请人提供，而申请人不提供的，法院会裁定驳回申请。

财产保全措施是法院以查封、扣押、冻结及法律规定的其他方法，防止当事人或利害关系人转移、隐匿、变卖及挥霍财产。查封是指人民法院对需要保全的财产进行清点后贴上封条，就地或异地封存。扣押是指人民法院对需要保全的财产集中就地或异地予以扣留，不准任何单位和个人使用及处分。冻结是指人民法院向银行、信用社和其他有储蓄业务的单位发出协助执行通知，不准被申请人支取或使用有关存款。

80 诉讼保全与诉前保全有何不同？

诉讼保全与诉前保全都属于财产保全，但二者又存有差异：

第一，申请保全的主体不同。诉讼保全的主体是案件的一方当事人；而诉前保全由于还没有进入诉讼程序，其主体只能是利害关系人，而其能否成为当事人，要看其是否在法院采取保全措施后起诉。而且在诉讼保全中，法院在必要时也可以依职权裁定采取保全措施。

第二，申请保全的时间不同。诉讼保全可以在诉讼程序开始至判决前提出；诉前保全则在起诉前提出。

第三，申请保全所附条件不同。对于诉讼保全，法律规定人民法院可以责令申请人提供担保，这包含两个方面的含义：一是可以使申请财产保全的申请人在提出财产保全时持慎重的态度，确有必要方才申请；二是一旦申请人败诉，可以用担保物赔偿给对方造成的损失。如申请人不提供担保的，法院驳回申请。对于诉前保全，申请人则必须提供担保。

第四，采取保全措施后审理的法院不同。诉讼保全是受理案件的法院在审理案件过程中采取的保全措施；而在诉前保全的情形，法院并不因采取诉前保全措施而当然地取得该案件的管辖权，申请人并不必须向采取保全措施的法院起诉，也可以向其他有管辖权的法院起诉，采取诉前保全措施的法院应当及时将全部材料移送有管辖权的受诉人民法院。

81 诉前财产保全的具体程序如何？

当事人向法院申请诉前财产保全的具体程序是：

首先要申请并提供担保，然后等待法院的裁定。在接到诉前财产保全的申请后，法院必须在 48 小时内作出裁定。裁定采取保全措施，应当立即执行。另外，财产保全裁定不得上诉，一经作出即发生法律效力。当事人可以申请复议一次，但复议期间，不停止裁定的执行。法院采取诉前保全措施后的 30 日内，申请人应当向人民法院起诉或向仲裁机构申请仲裁，逾期未起诉或未申请仲裁的，法院应解除保全措施，申请人还需要赔偿因此给被申请人造成的损失。

此外，在填写财产保全申请书时还应当注意：（1）要求写明保全的理由，即为什么保全，如紧急情况，不立即采取措施将会使申请人的权益遭到极大损害的具体情况；（2）提供相应的担保，如果不提供担保，法院会裁定驳回申请；（3）按要求提供被保全财产的具体位置和数量，否则法院难以执行。

82 财产保全的注意事项有哪些？

财产保全具有一定的风险性，因此当事人在申请财产保全前应当充分了解以下事项。

首先，申请财产保全时，申请人应当向法院交纳申请费，在案件审结后由败诉方负担。不交纳申请费的，法院不予受理。根据《诉讼费用交纳办法》第 14 条第 2 项申请费的标准是：财产数额不超过 1000 元或者不涉及财产数额的，每件交纳 30 元；超过 1000 元至 10 万元的部分，按 1% 交纳；超过 10 万元的部分，按 0.5% 交纳。但是，当事人申请保全措施交纳的费用最多不超过 5000 元。

其次，申请人提供担保的数额，应当相当于请求保全的数额。该担保可以是申请人的财产，也可以是第三人的财产，担保物多为房屋、车辆、存折、有价证券、厂房设备等。

再次，如果被申请人提供担保的，法院则会解除财产保全。只要被申请人提供的担保是确实可靠的，且没有权利瑕疵，人民法院对已保全的财产应该予以解除。

最后，申请财产保全若有错误的，申请人应当赔偿被申请人因财产保全所遭受的损失。错误申请财产保全致人损害是一种民事侵权行为，其责任属民事责任。

在司法实践中，一方面，财产保全的效果主要体现在当事人因对方履行义务撤诉的情况明显增多，结案后申请执行的效果也明显优于未申请保全的案件；另一方面，人身损害赔偿等纠纷在立案或审理过程中，当事人申请财产保全往往更能够保障自己的合法权益。

小心驶得万年船——民事诉讼的注意事项

· 案例回放

某县人民法院民事审判第二庭在审理原告王某诉某保险公司保险合同纠纷案时，魏某、程某系原告的特别授权代理人。庭审时，原告王某未到庭，第二委托代理人程某不知何故亦未到庭。魏某于是自作主张，叫上华某一起出庭。在法庭核对双方当事人及代理人的身份事项时，华某自称是程某。整个庭审进行了近两个小时，魏某、华某二人一直对此未予以说明。闭庭后，审判长要求双方在笔录上签字。华某神色慌张，竟不知如何签名，这一异常举动被审判人员注意到。经过仔细询问和审查，两人终于露出马脚，最终被人民法院司法拘留15日，各处罚款1000元。民事诉讼具有很强的严肃性和程序性，不能把它视为一场游戏。我们在前面谈到诸多事项便是希望当事人能够合理有效地行使自己的权利，但是在司法实践中，仍然会存在诸多诉讼风险值得我们去留意。

83 起诉不符合条件的风险有哪些？

当事人起诉不符合法律规定的条件的，法院不予受理，即使受理最终也会驳回起诉。当事人起诉不符合管辖规定的，案件将会被移送到有权管辖的法院审理。

84 诉讼请求不适当的风险有哪些？

当事人提出的诉讼请求应明确、具体、完整，对未提出的诉讼请求法院不予审理。提出的诉讼请求要适当，不要随意扩大诉讼请求的范围。无根据的诉讼请求，除得不到法院的支持外，当事人还可能要负担相应的诉讼费用。

85 超过诉讼时效的风险有哪些？

《最高人民法院关于适用〈中华人民共和国民事诉讼法〉的解释》第219条规定，当事人超过诉讼时效期间起诉的，人民法院应予受理。受理后对方当事人提出诉讼时效抗辩，人民法院经审理认为抗辩事由成立的，判决驳回原告的诉讼请求。

86 授权不明的风险有哪些？

当事人委托诉讼代理人代为承认、放弃、变更诉讼请求，进行和解，提起反诉或者上诉等事项，应在授权委托书中特别注明。没有在授权委托书中明确、具体注明特别授权事项的，诉讼代理人就上述特别授权事项发表的意见不具有法律效力。根据《最高人民法院关于民事诉讼证据的若干规定》（以下简称《民诉证据规定》）第5条第2款的规定，当事人在场对诉讼代理人的自认明确否认的，不视为自认。

87 不按时交纳诉讼费用有何风险?

对于诉讼费用，原告应当自接到法院通知的次日起7日内交纳，提起反诉的当事人应当在提起反诉的次日起7日内交纳，提起上诉的当事人应当在向法院递交上诉状时交纳。在规定期限内未交纳诉讼费用又不提出减、缓、免交申请，或者提出申请未获批准仍不交纳的，法院将会裁定按自动撤回起诉、上诉处理。

88 提供证据的风险有哪些?

（1）按照《民诉证据规定》第10条的规定，下列事实，当事人无须举证证明：①自然规律以及定理、定律；②众所周知的事实；③根据法律规定推定的事实；④根据已知的事实和日常生活经验法则推定出的另一事实；⑤已为仲裁机构的生效裁决所确认的事实；⑥已为人民法院发生法律效力的裁判所确认的基本事实；⑦已为有效公证文书所证明的事实。前款第2项至第5项事实，当事人有相反证据足以反驳的除外；第6项、第7项事实，当事人有相反证据足以推翻的除外。除此以外，当事人提出诉讼请求或者反驳对方的诉讼请求，应当提供证据证明，如不能提供相应的证据或者提供的证据证明不了有关事实的，需要承担对其不利的裁判后果。

（2）当事人向法院提供证据，应当提供原件或者原物，特殊情况下也可以提供经法院核对无异的复制件或者复制品。若提供的证据不符合上述条件的，可能影响证据的证明力，甚至可能不被采信。

（3）除属于法律和司法解释规定的证人确有困难不能出庭的特殊情况外，当事人提供证人证言的，证人应当出庭作证并接受质询。如果证人不出庭作证，可能影响该证人证言的证据效力，甚至不被采信。

（4）当事人申请审计、评估、鉴定，却未在法院指定期限内提出申请或者不预交审计、评估、鉴定费用，或者不提供相关材料，致使争议的事实无法通过审计、评估、鉴定结论予以认定的，可能对申请人产生不利的裁判后果。

89 不按时出庭或者中途退庭的风险有哪些？

（1）原告经传票传唤，无正当理由拒不到庭，或者未经法庭许可中途退出法庭的，法院可以按撤诉处理；被告反诉的，法院可以缺席判决。

（2）被告经传票传唤，无正当理由拒不到庭，或者未经法庭许可中途退出法庭的，法院可以缺席判决。

90 执行的风险有哪些？

（1）法院判决之后，当事人不履行判决，对方就应及时向法院申请强制执行。申请执行的期间为2年。从法律文书规定的履行期间的最后一日起计算。

（2）作为被执行人的公民死亡，无遗产可供执行，又无义务承担人的或作为被执行人的公民因生活困难无力偿还借款，无收入来源，又丧失劳动能力的，人民法院将裁定终结执行。

希望通过上述介绍，大家能够充分了解我国的审判工作以及在审判活动中可能遇到的各类风险，并通过充分的准备把风险的概率降到最低，以顺利地达到自己的诉讼目的。

对一审判决不服可上诉

·案例回放

赵某与张某，两家相邻居住。某年3月14日早上8时许，赵某因听人传言张某在外说赵某之妻与张某之夫有什么关系，便到张某家责问。张某与赵某发生争吵，相互辱骂。随后，张某拿着东西准备赶场，行至地坝边角，赵某上前不准张某离开，要求张某说清楚，此时双方发生抓扯，张某倒地。赵某将张某的双手抓住，邻居见状即上前将张某拉起来，纠纷平息。当日，张某到本村医疗所治疗，用去药费12元。同月16日，张某到甲医院做左肩关节×线检查，诊断为：左肩部软组织伤。同月20日，张某到市属中心医院进行双侧肩关节正位线(负重)检查，诊断为：左侧肩锁关节脱位。张某即在乙医院住院进行复位内固定术至同年4月9日出院。同年6月5日，再次到乙医院住院进行内固定物拆除术，同月19日出院。张某共用去医疗费4021.81元。张某与其夫经营服装，每月房租费400元，每月缴纳税款65.60元，工商管理费120元，卫生费15元。后张某将赵某告上法庭，法庭判决：1.张某受伤医疗费4043.81元、误工费1297元、营养费432元、护理费360元、交通费100元、门面实际支出损失1301.3元，共计7534.11元，由赵某在判决生效后五日内赔偿给张某6028元，其余由张某自负。2.驳回张某要求被告赵某赔偿精神损失费的诉讼请求。

赵某对一审法院判决并不满意，想要上诉。那么，上诉过程中应注意哪些问题呢？

上诉案件的审理，从基本过程来看，与第一审案件的审理大致相同，一般要经过审理前的准备和开庭审理等诉讼阶段，其中开庭审理又包括开庭准备、法庭调查、法庭辩论、合议庭评议与宣判等过程。为了避免没有必要的重复，民事诉讼法在规范第二审程序时，在立法技术上采取了准用的方法，即《民事诉讼法》第181条规定的“第二审人民法院审理上诉案件，除依照本章规定外，适用第一审普通程序”。因此，关于上诉案件的审理，仅介绍和讨论审理程序中的特别规定。

91 上诉案件的审理范围有哪些？

我国《民事诉讼法》第175条规定：“第二审人民法院应当对上诉请求的有关事实和适用法律进行审查。”这表明我国上诉案件的审理范围的特点是：第一，第二审人民法院既要对案件的事实进行审理，又要对案件的法律适用进行审理。简言之，第二审既是事实审又是法律审。第二，第二审人民法院只对与上诉请求有关的事实与法律适用进行审理，即只审理关系到上诉请求是否成立的事实与法律适用，对于上诉人没有提出上诉的第一审裁判认定的事实与适用的法律，第二审人民法院原则上不予审理。其中，就审理的事实来说，既包括上诉人在第一审程序中已经提出但不服第一审裁判认定的事实，也包括上诉人在上诉请求中提出的新事实；就审理的法律适用来说，既包括第一审裁判适用的实体法，也包括第一审裁判适用的程序法。总之，民事上诉案件的审理范围受上诉人上诉请求范围的限制，我国法律关于第二审审理范围的规定基本上属于续审模式。

但是，上诉案件的审理范围受上诉请求范围的限制并不是绝对的，我国实行不完全的续审制。《最高人民法院关于适用〈中华人民共和国民事诉讼法〉的解释》第321条对此作出规定："第二审人民法院应当围绕当事人的上诉请求进行审理。当事人没有提出请求的，不予审理，但一审判决违反法律禁止性规定，或者损害国家利益、社会公共利益、他人合法权益的除外。"

92 上诉案件的审理有哪些程序?

根据《民事诉讼法》第176条的规定，第二审人民法院审理上诉案件有两种方式，即开庭审理和不开庭审理，而且在具体适用上，应当以开庭审理为原则，以不开庭审理为例外。《民事诉讼法》第41条第1款、第2款规定，人民法院审理第二审民事案件，由审判员组成合议庭。合议庭的成员人数，必须是单数。中级人民法院对第一审适用简易程序审结或者不服裁定提起上诉的第二审民事案件，事实清楚、权利义务关系明确的，经双方当事人同意，可以由审判员一人独任审理。此外，第二审既可能组成合议庭审理，也可能由审判员一人独任审理。

（1）开庭审理

开庭审理是上诉案件审理的基本方式，其要求同时传唤各方当事人并通知其他诉讼参与人到庭，通过法庭调查、法庭辩论、合议庭评议、宣判等环节，对原裁判认定的事实、适用的法律以及当事人提出的新事实进行审查和口头辩论，经合议庭评议后作出新的裁判。开庭审理是实现直接言词原则、辩论原则的基本要求，能够有效地维护当事人的诉讼权利，有利于增强当事人对裁判结果的信服感和确保司法公正。

（2）不开庭审理

不开庭审理，就是合议庭经过阅卷和调查、询问当事人，在事实核对清楚后，直接对案件作出裁判。不开庭审理，有以下几点应当注意。

①不同于书面审理。书面审理就是在不开庭、不调查、不询问当事人的情况下，经过对当事人提供的书面材料以及第一审案卷材料进行审查就作出裁判。我国民事诉讼法规定的不开庭审理尽管不开庭，但除了阅卷之外，还必须开展调查，询问当事人，听取当事人陈述，这些远远超出了书面审理的范围。

②适用范围受到严格限制。根据《民事诉讼法》第 176 条第 1 款规定，只有经过阅卷、调查和询问当事人，对没有提出新的事实、证据或理由，人民法院认为不需要开庭审理的，才可以适用不开庭审理，其只是上诉案件审理的补充方式。经阅卷和调查、询问当事人之后，事实仍然不清的，还必须开庭审理。根据《最高人民法院

关于适用〈中华人民共和国民事诉讼法〉的解释》第331条的规定："第二审人民法院对下列上诉案件，依照民事诉讼法第一百七十六条规定可以不开庭审理:（一）不服不予受理、管辖权异议和驳回起诉裁定的;（二）当事人提出的上诉请求明显不能成立的;（三）原判决、裁定认定事实清楚，但适用法律错误的;（四）原判决严重违反法定程序，需要发回重审的。"

93 审理上诉案件的期限是多久?

根据《民事诉讼法》第183条的规定，人民法院审理对判决的上诉案件，应当在第二审立案之日起3个月内审结，有特殊情况需要延长的，由本院院长批准。人民法院审理对裁定的上诉案件，应当在第二审立案之日起30日内作出终审裁定。可见，上诉案件的审结期限因上诉对象的不同而不同：对判决上诉的，审结期限较长，且在审限内不能审结的，还可由本院院长批准延长；对裁定上诉的，审结期限较短，且不得延长。

图书在版编目(CIP)数据

人一生完全法律指南:双色图文版 / 李小草等编著
.—4 版 .—北京:中国法制出版社,2022.11(2024.11 重印)
ISBN 978-7-5216-2971-2

Ⅰ.①人… Ⅱ.①李… Ⅲ.①法律-基本知识-中国
Ⅳ.①D920.4

中国版本图书馆 CIP 数据核字(2022)第 193749 号

策划编辑:李小草　　责任编辑:王熹　　封面设计:杨鑫宇

人一生完全法律指南:双色图文版

REN YISHENG WANQUAN FALÜ ZHINAN:SHUANGSE TUWENBAN

编著/李小草等
经销/新华书店
印刷/北京虎彩文化传播有限公司
开本/880 毫米×1230 毫米　32 开　　印张/ 10.5　字数/ 168 千
版次/2022 年 11 月第 4 版　　2024 年 11 月第 2 次印刷

中国法制出版社出版
书号 ISBN 978-7-5216-2971-2　　定价:38.00 元

北京市西城区西便门西里甲 16 号西便门办公区
邮政编码:100053　　传真:010-63141600
网址:http://www.zgfzs.com　　**编辑部电话:010-63141833**
市场营销部电话:010-63141612　　**印务部电话:010-63141606**

(如有印装质量问题,请与本社印务部联系。)